LA PROSPÉRITÉ DU VICE

Daniel Cohen

LA PROSPÉRITÉ DU VICE

Une introduction (inquiète) à l'économie

Albin Michel

Pour ma *gypsy wife*

Give me back the Berlin Wall.
Give me Stalin and Saint Paul
I've seen the future, brother :
It is murder.

Leonard Cohen

Introduction

Ce qui s'est passé hier en Europe se répète aujourd'hui à l'échelle du monde. Des millions de paysans chinois, indiens ou d'ailleurs quittent les campagnes et gagnent les villes : la société industrielle remplace la société rurale. De nouvelles puissances émergent, hier c'était l'Allemagne et le Japon, aujourd'hui c'est l'Inde et la Chine. Les rivalités s'exacerbent, pour le contrôle des matières premières notamment. Les crises financières se répètent, comme aux mauvais jours d'un capitalisme qu'on croyait révolu. Ce n'est pas très rassurant. Contrairement à ce qu'en disent les tenants du « choc des civilisations », le principal risque du XXIe siècle tient moins à la confrontation des cultures ou des religions qu'à celui d'une répétition, au niveau planétaire, de l'histoire de l'Occident lui-même.

Car l'Europe n'est pas sortie indemne de la révolution industrielle. Si elle se pense aujourd'hui, en dépit de la crise actuelle, comme le continent de la paix et de la prospérité, c'est au prix d'une formidable amnésie de son passé récent. L'Europe a fini dans la barbarie de la Seconde Guerre mondiale le bref espace de temps au cours duquel, à compter du XVIe siècle, elle fut l'épicentre de l'histoire humaine. Qui peut jurer que l'Asie échappera aujourd'hui à ce destin tragique ?

On se rassure parfois en pensant que la prospérité sera un facteur de paix, que les échanges commerciaux pacifieront les relations internationales. C'est pourtant dans un climat de prospérité partagée qu'a éclaté la Première Guerre mondiale. C'est la réussite de l'Allemagne qui a inquiété les autres puissances européennes et lui a donné confiance en elle-même. Une illusion rétrospective fait penser que paix et prospérité riment ensemble. Rien ne permet hélas d'en être sûr. Nombre d'études récentes concluent le contraire.

Une analyse de Philippe Martin et de ses coauteurs montre ainsi que le commerce mondial ne réduit nullement les risques de guerres. Selon cette étude, le commerce international permet en fait plus facilement à une nation belliqueuse d'attaquer une puissance rivale. Les échanges internationaux en effet contribuent à diversifier ses sources d'approvisionnement pendant le conflit...

Ni la richesse ni même l'éducation ne rendent meilleur un homme qui est mauvais. Comme le dit Christian Baudelot, elles lui offrent plutôt de nouvelles façons de le rester. Une étude très documentée a analysé l'origine sociale des auteurs d'attentats terroristes (définis comme des attentats visant des populations civiles à des fins politiques). Ils ne sont ni pauvres ni analphabètes. La plupart sont diplômés de l'enseignement supérieur, plusieurs d'entre eux sont milliardaires, tel le célèbre éditeur italien Feltrinelli, mort en 1972 en voulant dynamiter des pylônes électriques, près de Milan.

Ces observations vont à rebours des intuitions qui fondent le regard de l'Occident sur lui-même, celles de Condorcet ou Montesquieu notamment, pour qui l'éducation et le commerce adoucissent les mœurs et les cœurs. Comment l'Europe, qui a été le siège d'une civilisation du « bien-être », a-t-elle pu finir sa course dans le suicide collectif de deux guerres mondiales ? Quels sont les risques qui pèsent aujourd'hui sur le monde, à l'heure où il s'occidentalise ? Questions (inquiètes) dont dépend le siècle qui s'ouvre.

Des lois cachées dès l'origine du monde

Commençons au commencement. La règle à laquelle les sociétés ont longtemps été soumises, avant l'âge industriel, est simple et désespérante. De la nuit des temps jusqu'au XVIIIe siècle, le revenu moyen des habitants de la planète est resté stagnant. Chaque fois qu'une société commence à prospérer, parce qu'elle découvre par exemple une technologie nouvelle, un mécanisme immuable se met en effet en place qui en annule la portée. La croissance économique entraîne la croissance démographique : la richesse augmente la natalité et réduit la mortalité, celle des enfants et des adultes. Mais la hausse de la population fait baisser progressivement le revenu par tête. Vient fatalement le moment où la population bute sur l'insuffisance des terres disponibles pour se nourrir. Trop nombreux, les hommes doivent mourir, par la faim ou la maladie. Famines et épidémies viennent invariablement briser l'essor des sociétés en croissance.

Cette loi dite de Malthus a fait couler beaucoup d'encre, mais a finalement résisté à l'examen de ses critiques. Grâce aux travaux des historiens de l'économie, on peut évaluer en dollars ou en euros d'aujourd'hui le revenu qui a prévalu au cours des siècles. Le niveau de vie d'un esclave romain n'est pas significativement différent de celui d'un paysan du Languedoc au XVIIe siècle ou d'un ouvrier de la grande industrie du début du XIXe. Il est proche de celui des pauvres du monde moderne : autour de un dollar par jour.

L'espérance de vie donne une indication convergente. En moyenne, elle reste proche de trente-cinq ans tout au long de l'histoire humaine, aussi bien pour les chasseurs-cueilleurs, tels qu'on les observe aujourd'hui dans les sociétés aborigènes, que pour les premiers ouvriers de l'industrie moderne, à l'aube du XIXe siècle. L'examen des squelettes montre aussi que les conditions matérielles (telles que mesurées par la taille) ne devaient guère être très différentes à l'époque des chasseurs-cueilleurs et à l'aube du XIXe siècle.

La loi de Malthus invalide les catégories habituelles du bien et du mal. La vie à Tahiti, par exemple, est paradisiaque, mais grâce à un infanticide à haute dose. Plus des deux tiers des nouveau-nés étaient instantanément tués, en les étouffant, en les étranglant ou en leur brisant le cou. Tout ce qui contribue à accroître la mortalité se révèle en effet une bonne chose, car elle réduit la compétition pour les terres disponibles. L'hygiène publique, à l'inverse, se retourne contre les sociétés qui la respectent. Si l'Européen est en moyenne plus riche que le Chinois au début du XVIIIe siècle, c'est parce qu'il est sale. À son plus grand profit, l'Européen ne se lave pas, alors que le Chinois ou le Japonais se baigne chaque fois que possible. Les Européens, quelles que soient les classes sociales, ne trouvaient rien à redire à des toilettes adjacentes à leurs habitations, en dépit des problèmes d'odeur. Les Japonais sont en comparaison des modèles absolus de propreté. Les rues sont régulièrement lavées, on enlève ses chaussures avant d'entrer chez soi… Ce qui explique qu'ils soient plus nombreux, et plus pauvres. C'est le règne de la prospérité du vice.

Aux origines de la suprématie européenne

L'humanité doit pourtant à l'Europe d'avoir découvert la pierre philosophale : la possibilité d'une croissance perpétuelle, non pas seulement de la population mais du revenu moyen de ses habitants. Cette découverte n'est pas venue d'un coup. Elle est le fruit d'une lente évolution qui se dessine entre le XIIe et le XVIIIe siècle, celle que le médiéviste Jacques Le Goff a caractérisée comme le « long Moyen Âge ». La croissance économique moderne va s'appuyer sur un renouvellement technologique permanent, et déborder la croissance démographique. À partir du XIXe siècle, dans les pays industrialisés, c'est la croissance du revenu par tête qui devient la marque d'une société prospère. La croissance améliore (enfin) les conditions de vie, et allonge celle-ci au lieu de la réduire. Le recul de la mort est la grande nouvelle de l'ère moderne.

Des milliers de pages ont été écrites pour comprendre ce qui s'est passé et restent l'objet de controverses furieuses. Pourquoi est-ce en Europe que la possibilité d'une croissance perpétuelle a été découverte ? La Chine semblait mieux partie. Francis Bacon, le « Descartes anglais », considère ainsi que les trois découvertes fondamentales du monde moderne sont la boussole (pour la navigation), l'imprimerie (pour la circulation des idées) et la poudre (pour la guerre). Or ces trois inventions sont toutes chinoises. Un siècle avant que Christophe Colomb n'arme ses trois caravelles, les navires autrement plus impressionnants de l'amiral Zhang He longeaient déjà les côtes africaines, rapportant à la cour de l'empereur des zèbres et des girafes…

Pourquoi le dynamisme chinois s'est-il brisé ? Plusieurs facteurs vont jouer, mais l'un d'entre eux sera décisif. Brusquement, l'empereur décide que les voyages outre-mer sont coûteux et inutiles. La recherche de la stabilité intérieure devient à ses yeux prioritaire, et l'exploration du monde seconde. L'empereur fait brûler les navires de la flotte. La Chine perd alors son ascendant maritime, le goût du commerce au long cours, et s'enlise dans l'immobilité.

Sacrifier la croissance au profit de la stabilité intérieure : l'Europe a emprunté l'autre voie. Moins par choix que sous l'effet d'un moteur qui est l'un des facteurs essentiels du dynamisme européen : la rivalité entre ses nations. La poudre reste un jouet dans les mains chinoises, elle devient une arme de guerre efficace en Europe. Passer de la poudre au canon exige une série d'inventions délicates, stimulées en chaque pays par les avancées des concurrents. Dans le domaine des idées, la fragmentation politique joue également un rôle décisif. La curiosité de Galilée est condamnée par l'Église, mais elle rebondit dans l'Angleterre antipapiste de Newton. Christophe Colomb devra lui-même faire plusieurs fois le tour des capitales européennes avant de trouver un commanditaire.

Au cœur du dynamisme européen, se loge aussi le poison qui causera sa perte. Un cycle immuable est en place. À chaque fois qu'une puissance tend à dominer les autres, elle déclenche une coalition pour l'abattre. Ont ainsi successivement dominé l'Europe : l'Espagne au XVIe siècle, la Hollande au XVIIe, la France au XVIIIe et l'Angleterre au XIXe. Le XXe siècle aurait dû être le siècle allemand, ce qu'il a été, en un certain sens. La Première Guerre mondiale n'est pas un « accident de parcours » du système européen : elle en est le terme logique.

Pour qui veut comprendre le monde multipolaire qui s'ouvre au XXIe siècle, il n'est que de porter son regard sur l'histoire européenne, dont il est aujourd'hui l'héritier. Tous les pays sont devenus des États-nations, sur le modèle inventé en Europe. Chaque peuple y est « empereur » en ses propres frontières, furieusement jaloux de celles-ci. La première fragilité du monde à venir se joue là : que les nouvelles puissances émergentes cherchent à vider leurs vieilles querelles, de frontières ou de préséance, armées d'une richesse et d'une force militaire totalement inédites, celles que procure l'industrialisation.

L'addiction à la croissance

L'industrialisation ne bouleverse pas seulement l'équilibre des puissances. Elle transforme plus radicalement encore le fonctionnement interne des sociétés. Dans les termes célèbres de Joseph Schumpeter, le capitalisme est un processus de « *destruction créatrice* révolutionnant incessamment de l'intérieur la structure économique, en détruisant ses éléments vieillis et en créant continuellement des éléments neufs ». C'est pourquoi les sociétés industrielles sont des entités fragiles, qui nécessitent des soins constants. Elles mêlent création et destruction, alternent prospérité et dépression, et ont failli sombrer sous les coups de boutoir de l'une d'entre elles, la crise de 1929, brutalement rappelée à la mémoire des peuples par la crise des subprimes.

Si la prospérité est à l'origine de la Première Guerre mondiale, c'est la dislocation de la société allemande, sous l'effet de la grande crise des années trente, qui explique la seconde. Il est difficile de plaider que la crise de 1929 ait été, elle aussi, un « accident de parcours ». La crise des subprimes a remis en œuvre les mêmes mécanismes, les mêmes enchaînements. Les leçons des années trente avaient pourtant fortement imprégné l'après-guerre. Un monde plus enclin à la coopération était apparu. Les nations occidentales, dévastées après 1945 et unies par la guerre froide, avaient désarmé leurs conflits. L'État providence avait amadoué la lutte des classes, l'économie « sociale de marché » a prospéré. Mais la crise des années soixante-dix, la chute du mur de Berlin et la révolution financière des années quatre-vingt ont marqué la fin de cette séquence. Le consensus fabriqué dans les années cinquante et soixante s'est alité, puis a été enterré. Et en moins de trois décennies, la crise est revenue.

La question posée par la crise actuelle va au-delà de la régulation des marchés. Elle pose aussi la question de la régulation pour ainsi dire morale du capitalisme. L'argent fou, revenu en grâce dans les années quatre-vingt, a remis à l'honneur les formules de Marx, lorsqu'il accusait la bourgeoisie de noyer la société dans « les eaux glacées du calcul égoïste ». L'avidité à consommer des ménages américains, cause de leur formidable endettement et principal facteur de la crise des subprimes, pose la question de savoir sur quelles valeurs et sur quelles frustrations s'appuie le capitalisme.

L'homme malthusien était constamment affamé, au sens littéral du terme. Guerres et épidémies étaient une bonne chose : elles réduisaient le nombre de têtes à nourrir. La victoire du monde moderne sur la faim et la misère signe-t-elle la revanche de la vertu sur le vice ? Rien n'est moins sûr, hélas. L'homme moderne reste affamé, mais de biens dont il ignorait l'existence quelques années auparavant... Comme disait Alfred Sauvy, c'est un marcheur qui n'atteint jamais l'horizon. Quel que soit le quantum de plaisirs déjà satisfaits, la page reste toujours blanche de ceux qu'il veut assouvir. La consommation est devenue comme une drogue, une addiction : le plaisir qu'elle procure est éphémère.

Comme l'a montré l'économiste Richard Easterlin, en s'appuyant sur de nombreuses enquêtes, les sociétés riches ne sont pas plus heureuses que les sociétés pauvres. Un humoriste du XIXe siècle récemment cité par le journal anglais *The Economist* explique pourquoi à sa manière : « Être heureux, c'est gagner dix dollars de plus que son beau-frère. » Une croissance rapide soulage les tensions sociales, car chacun peut croire qu'il rattrape les autres. Mais l'immense faiblesse de cet idéal est qu'il est vulnérable à tout ralentissement économique, quel que soit le niveau de richesse déjà atteint. La France était ainsi incomparablement plus heureuse durant les Trente Glorieuses – les folles années d'après-guerre – qu'elle ne l'est aujourd'hui, alors même qu'elle est devenue deux fois plus riche. La désillusion qui a cueilli les pays riches lorsque la croissance s'est ralentie frappera aussi, nécessairement, les pays aujourd'hui émergents lorsqu'ils en découvriront la signification pour eux-mêmes.

À l'heure de la mondialisation

D'aucuns arguent que l'addiction maladive de l'*Homo consumerus* à la croissance explique aussi que celle-ci soit forte, ce qui serait au bout du compte une bonne chose. Sous un autre jour, les voies méconnues et paradoxales de la prospérité du vice seraient ainsi rétablies. Peut-être. Mais les conséquences de cet appétit insatiable se posent en des termes totalement inédits à l'heure de la mondialisation. Qu'un milliard de Chinois consomment un milliard de bicyclettes ne porterait guère à conséquence, et comme dirait Adam Smith, tout le monde pourrait y gagner, ceux qui vendent des vélos et ceux qui les achètent. Mais qu'ils consomment un milliard de voitures, et tout change : l'avenir de la planète est menacé, le pire est à craindre. Déjà, comme on sait désormais, la concentration en CO_2 dans l'atmosphère pourrait doubler d'ici 2050 par rapport aux niveaux atteints à l'âge pré-industriel. La croissance économique moderne vient buter à son tour, non sur la rareté des terres cultivables comme à l'âge malthusien, mais sur la fragilité de l'écosystème tout entier.

À l'heure où se propage à l'ensemble de la planète une civilisation matérielle dévorante, une autre rupture est toutefois également à l'œuvre. L'Occident s'engage, et entraîne le monde, dans une nouvelle mutation, vers ce qu'on peut appeler « le cybermonde ». Ce nouvel espace virtuel est le théâtre d'une autre mondialisation, immatérielle celle-ci, portée par les technologies de l'information et de la communication. Ses lois sont aux antipodes de celles qui gouvernent la mondialisation industrielle. Aucun encombrement planétaire n'est à craindre en ce domaine. C'est exactement le contraire. Plus les humains sont nombreux, plus le secteur prospère. La production d'idées nouvelles, d'œuvres de l'esprit, est une activité d'autant plus florissante qu'il y aura plus de chercheurs et d'artistes. Peu importe la nationalité de celui qui trouvera le vaccin contre le sida : il produira pour tous un bien planétaire. Dans le domaine de la production artistique, la Chine compte déjà 60 millions de pianistes. Ses chances d'accoucher d'un nouveau Mozart sont à la hauteur de ce chiffre. Ce jour-là, tous les mélomanes y gagneront. Dans le domaine politique, l'idée de démocratie traverse aussi les frontières, bien davantage du fait de la circulation des idées que de celle des marchandises.

La mondialisation immatérielle ne fait que commencer. Loin d'être un espace pacifié, le nouvel espace de la communication mondiale est tout autant empli d'amour et de haine que l'ancien. Fleurissent sur le Net, aussi bien les liens entre les amoureux de musique que les réseaux pédophiles ou terroristes. Le « quart d'heure de célébrité » pour tous, promis par Andy Warhol, devient le nouvel horizon d'attente, toujours aussi lointain, des jeunes qui fréquentent les réseaux de Facebook, comme de ceux qui sont attirés par Al Qaida.

Le grand espoir du XXIe siècle est toutefois que se crée, au sein de ce cybermonde, une conscience nouvelle de la solidarité de fait qui lie désormais les humains entre eux. À l'heure du risque écologique, l'humanité ne peut plus se permettre de subir des lois, celle de Malthus ou d'Easterlin, qu'elle ne comprend pas, ou qu'elle comprend trop tard. Saisir la manière dont l'économie façonne l'histoire humaine, comprendre comment celle-ci transforme à son tour les lois réputées inflexibles de l'économie : tel est le but du voyage, dans le passé et le futur, que ce livre propose d'entreprendre, installé sur les épaules de quelques géants de la pensée économique.

PREMIÈRE PARTIE

POURQUOI L'OCCIDENT ?

I.

Genèse

Naissance de l'économie

Longtemps le seul problème de l'humanité a été celui de se nourrir. Et longtemps, de la nuit des temps jusqu'à l'invention de l'agriculture (il y a seulement dix mille ans), l'homme s'est alimenté en prenant librement ce que la nature lui offrait. La chasse et la cueillette, deux activités peu exigeantes socialement, ont suffi. Puis, presque tout à coup, l'humanité apprend à cultiver la terre et à faire croître ses troupeaux. C'est le moment où, pour parodier Rousseau, on s'avise de clôturer un champ et de dire : « Ceci est à moi. »

Comment s'est faite cette révolution néolithique ? La thèse habituelle est due à l'anthropologue australien Gordon Childe. Elle attribue la découverte de l'agriculture à une cause « naturelle » : un réchauffement climatique aurait brutalement détruit la faune et le gibier, créant une pénurie alimentaire qui aurait poussé l'homme à chercher d'autres manières de se nourrir. L'agriculture serait fille de cette nécessité. L'homme aurait ensuite transformé, dans un second temps, son mode de vie. Il devient sédentaire, et invente les dieux des saisons et des pluies qui accompagnent sa nouvelle existence d'agriculteur.

Les travaux récents, s'appuyant sur la datation précise que permet le carbone 14, ont bouleversé cette interprétation. Pour Jacques Cauvin, dans un livre saisissant, *Naissance des divinités, naissance de l'agriculture*[1], il semble tout d'abord que la sédentarité ait précédé l'invention de l'agriculture. La première ville de l'histoire humaine, Jéricho, est antérieure aux premières cultures de blé. Cette découverte suffirait à elle seule à attester que la faune et le gibier étaient assez abondants pour permettre à l'homme de se sédentariser. À la fin du Xe millénaire avant notre ère, le rassemblement des hommes découle en réalité d'un fait social et non démographique ou économique.

Si la sédentarité précède ainsi le néolithique, il en va de même, semble-t-il, de la croyance en des divinités. Cette thèse semble plus difficile à prouver : comment montrer l'antériorité d'une croyance ? Les préhistoriens l'établissent en notant tout d'abord que la pratique d'enterrer les morts précède de plusieurs millénaires le néolithique. Ils notent ensuite qu'à la veille du néolithique, l'homme abandonne progressivement la seule représentation d'animaux pour des figurines qui ressemblent beaucoup à des images de dieux, de femmes le plus souvent. La seule figure animale est celle du taureau. Or le bœuf sauvage ne fait pas encore partie des animaux qui constituent le gibier de l'époque (les hommes chassent la gazelle). Il a donc vraisemblablement une valeur symbolique nouvelle. Plus tard, les deux figures s'associeront : la femme sera représentée accouchant du taureau. C'est cette image qui accompagnera la diffusion du néolithique du Moyen-Orient aux autres sociétés.

De victimes de la nature, les hommes s'installent dans un nouveau rôle. D'avoir été créées par les dieux les autorise à être, à leur tour, créateurs. Jacques Cauvin résume la trans-

1. Jacques Cauvin, *Naissance des divinités, naissance de l'agriculture. La révolution des symboles au néolithique*, Paris, Éditions du CNRS, 1994.

formation à l'œuvre de la manière suivante : « Cette béance nouvelle qui se crée entre le dieu et l'homme a dû modifier entièrement la représentation que l'esprit humain se faisait [de son milieu], et susciter des initiatives nouvelles en débloquant en quelque sorte l'énergie nécessaire pour les mener à bien, comme l'effet compensatoire d'un malaise existentiel jamais ressenti. » Spectatrices jusqu'alors de la nature, les sociétés néolithiques s'autorisent à y intervenir en tant que producteurs actifs. La religion donne accès à une sorte de « logique transcendantale » que l'homme applique ensuite au réel.

Ces travaux sont éblouissants. Ils apportent un éclairage à des questions que l'on aurait pu croire indécidables. L'homme a-t-il préalablement pensé, voulu le monde dans lequel il allait évoluer ensuite, ou bien faut-il admettre qu'une découverte comme l'agriculture bouleverse sans préalable, par hasard, l'existence humaine ? L'idée défendue par Jacques Cauvin est que l'homme a d'abord modifié ses cadres de pensée. Évidemment, cela ne signifie pas que les conséquences de la révolution agricole (la naissance des empires...) aient été comprises. Un écart, qui allait devenir considérable, se creusera ensuite entre l'intuition d'un monde à venir et la réalité qui surgit, que les hommes auront du mal à saisir pour cette raison même. Ce décalage éclaire la difficulté qui se retrouvera lorsqu'il faudra appréhender l'autre grande rupture de l'histoire humaine : la révolution industrielle. Loin d'apparaître comme une rupture brutale, surgie tout armée au beau milieu du XVIIIe siècle, elle se comprendra elle aussi comme l'effet d'une lente mutation, qui aura été pensée avant d'exister, avant d'échapper ensuite à l'idée qu'en eurent ceux qui l'avaient imaginée, la rendant alors incompréhensible à ses contemporains.

La première mondialisation

L'invention de l'agriculture n'est pas le fait du seul Proche-Orient. On peut identifier au moins trois ou quatre autres sources. En Chine, la révolution néolithique se serait produite vers l'an 7500 avant J.-C., en Méso-Amérique et dans les Andes vers 3500 avant J.-C., dans l'est de l'Amérique du Nord mille ans plus tard. Il est difficile de savoir si toutes ces découvertes ont été faites de manière autonome, ou si elles ont été importées. En toute hypothèse, l'agriculture s'impose à peu près partout, à partir du moment où son existence est dévoilée.

Selon les préhistoriens, le néolithique aurait ainsi progressé au Proche-Orient au rythme moyen de cinq kilomètres par an. La révolution néolithique emporte avec elle les dieux venus des rives du Jourdain. Le couple formé par une déesse et un taureau touche des régions dont rien n'indiquait, auparavant, qu'elles l'aient adopté.

Une forme de darwinisme social est à l'œuvre. Une technologie plus productive qu'une autre tend presque toujours à s'imposer, par la persuasion ou par la force. Par la persuasion lorsque ceux qui en étaient privés en découvrent assez tôt les potentialités. Par la force : car les sociétés de cultivateurs, mieux nourries, plus nombreuses, manquent rarement, lorsque l'occasion leur en est donnée, d'exterminer les sociétés de chasseurs-cueilleurs qu'elles rencontrent.

Quelques contre-exemples existent de sociétés qui résistent. Les aborigènes australiens, tout en commerçant avec des agriculteurs voisins, sont parvenus à longtemps préserver leurs sociétés de chasseurs-cueilleurs. Mais ils sont l'exception à une règle que, faute de mieux, on nommera : *la tyrannie de la productivité.*

La première explosion technologique

La propagation de l'agriculture bouleverse le cadre de la vie humaine. La densité de peuplement augmente considérablement. Une société nomade est freinée démographiquement, entre autres raisons simples parce que la mère doit attendre que son enfant sache marcher avant d'en avoir un autre. Une société sédentaire peut avoir autant d'enfants que la terre peut nourrir. La productivité agricole, soudainement accrue, et la sédentarité donnent un coup d'accélération à la population mondiale. On comptait dix millions d'humains à l'heure de l'invention de l'agriculture. Ils seront deux cents millions à l'âge du Christ.

L'abondance et la sédentarité permettent également le stockage des aliments. Le surplus permet de nourrir une « classe oisive », comme les appelleront beaucoup plus tard les premiers économistes, les physiocrates, sous le règne de Louis XV. Les rois, leurs bureaucraties, les prêtres et les guerriers se détachent progressivement des paysans. Cette séparation permet, entre le néolithique et l'âge du fer, un véritable bond technologique. Des forgerons anatoliens inventent le bronze en – 3500, le fer vers – 1000. Des bureaucrates inventent l'écriture vers – 3000 à Sumer et en Chine vers – 1300. Des poètes grecs inventent les voyelles vers – 800. À la fin du IIe millénaire, entre le XIIIe et le XIe siècle, le martelage du bronze pour confectionner vases, casques, cuirasses ou boucliers devient une technique largement pratiquée : nous sommes désormais au seuil du monde que nous connaissons à travers l'*Iliade*.

Souvent les découvertes sont faites plusieurs fois (l'écriture ou le bronze). Parfois un exemplaire est copié à l'identique par les sociétés qui sont en contact avec l'inventeur.

C'est le cas de l'alphabet. C'est aussi, si l'on peut dire, celui du cheval, lequel n'existe originellement qu'en un seul lieu, l'Ukraine, et parcourt ensuite le monde en portant sur son dos des guerriers auxquels il donne un avantage décisif.

Ces découvertes vont mener les sociétés humaines vers des niveaux de complexité sociale croissants. Les chefferies deviennent des royaumes puis des empires. Les grandes civilisations sumériennes, égyptiennes, minoennes, indiennes ou chinoises naîtront dans le sillage de ces inventions. L'une d'entre elles, la civilisation occidentale, prendra l'ascendant sur les autres, à partir du XVIe siècle de notre ère. Pourquoi ?

Le destin brisé de l'Occident

Pourquoi, de toutes les civilisations planétaires, est-ce finalement l'Occident qui a distancé les autres, et dicté son modèle ? À comparer l'Europe juste après l'an mil avec le monde arabe ou la Chine, l'avantage technologique ne va certainement pas à l'Occident. Que s'est-il passé ?

La civilisation gréco-romaine d'où l'Occident chrétien devait naître est brillante. Rome, en l'an 100 avant J.-C., était mieux équipée en routes pavées, en égouts, en alimentation ou en eau que la plupart des capitales européennes en 1800. Les Romains déployèrent une ingéniosité exceptionnelle en matière d'architecture (ils découvrent le ciment) et la construction des routes. Ils héritèrent des outils mis au point par les Grecs : le levier, la vis, les poulies, les engrenages, toutes innovations qui leur permirent de fabriquer des machines de guerre efficaces.

Mais les usages civils de ces techniques restèrent en sommeil pendant des millénaires. Pour tout ce qui touche à la vie économique *stricto sensu*, le millénaire occidental qui va de – 500 à + 500 a été particulièrement pauvre. Selon l'historien des techniques Joel Mokyr[1], la société antique gréco-

1. Joel Mokyr, *The Lever of Riches. Technological Creativity and Economic Progress*, Oxford, Oxford University Press, 1990.

romaine n'a en fait jamais été très inventive d'un strict point de vue technologique. Elle a construit des roues à eau mais n'a pas véritablement utilisé l'énergie hydraulique. Elle maîtrisait la fabrication du verre et comprenait comment utiliser les rayons du soleil, mais n'a pas inventé les lunettes. Par rapport au grand bond qui se produisit entre le néolithique et l'âge du fer, avec la conquête des procédés fondamentaux de l'agriculture, de la métallurgie, de la céramique et du tissage, il est hors de doute qu'il y eut un ralentissement sous l'Empire gréco-romain. Dans le domaine agricole, on reste pour l'essentiel en deçà des grands travaux d'irrigation qui furent entrepris en Égypte ou en Mésopotamie. Dans le domaine industriel, l'Antiquité et le Moyen Âge sont très en retard sur les progrès accomplis en Chine.

Comme le résume très bien l'historien de l'Antiquité Aldo Schiavone, « le fameux pragmatisme romain était social, non technologique : il concernait l'administration, la politique, le droit, l'organisation militaire. Ces grands ingénieurs et architectes, ces constructeurs incomparables de ponts, de routes, d'aqueducs, ces savants utilisateurs d'engins de guerre ne parvinrent jamais à penser que le terrain privilégié d'utilisation et d'amélioration des machines devait être les campagnes ou les ateliers[1] ».

Rome hérite ici de la tradition grecque. Pour l'homme grec, ce qui constituait sa liberté, c'était la maîtrise des techniques de la vie sociale : l'écriture et ses règles, la musique et la poésie, la connaissance de soi... La société grecque d'Asie Mineure invente la cité comme lieu de la politique, et ne transforme pas les techniques astronomiques égyptiennes et chaldéennes en une science expérimentale, mais en

1. Aldo Schiavone, *Le Destin brisé. La Rome antique et l'Occident moderne*, trad. française, Paris, Belin, 2003.

métaphysique. « Entre connaissance et transformation de la nature, le passage était bloqué, un abîme même se creusait. L'accumulation technologique était ignorée. L'ignorer était la revanche d'une pensée enfin libre des contraintes passées[1]. »

L'esclavage

Aristote dit que l'on est maître ou esclave « par nature ». Derrière la figure de l'esclave, c'est toute l'idée du travail qui devient progressivement incompréhensible aux Romains. Pour un Romain cultivé, il était tout à fait normal qu'un esclave travaillât toute la journée, enchaîné sous étroite surveillance, qu'il ne pût disposer de la moindre intimité, et que sa nourriture se limitât à la quantité indispensable pour reconstituer ses forces.

Cette dureté n'est pas le propre de la civilisation romaine, ni même celui des sociétés esclavagistes : on la trouve aussi dans nombre de sociétés préindustrielles. Des générations entières de paysans dans l'Europe médiévale et d'ouvriers anglais aux débuts de la révolution industrielle ont payé un tribut humain tout aussi lourd.

Mais un facteur va jouer un rôle décisif dans la transformation de Rome en capitale de la servitude. À partir de la première des guerres contre Carthage, les guerres puniques, une masse d'esclaves comme on n'en avait jamais eu dans l'Occident antique commença à être employée de manière régulière. Ils sont autour de 600 000 à vivre en Italie vers 225 avant J.-C., sur une population qui ne devait pas dépasser les quatre millions. « Ce fut alors, écrit Schiavone, que

1. *Ibid.*

les Romains connurent pour la première fois les bienfaits de leur richesse, à partir du jour où ils se furent rendus maîtres de cette population[1]. »

Cette dynamique se renforce avec les conquêtes de Pompée puis de César. Grâce à la sécurité retrouvée sur les mers, un nouvel afflux d'esclaves se produit. On peut considérer que, sous Auguste, à la fin du Ier siècle avant J.-C., 35 % au moins de la population de l'Italie était composée d'esclaves. En acheter, dans la Rome impériale, ne coûtait pas cher : entre 1 000 et 2 000 sesterces à une époque où un patrimoine atteint facilement la dizaine de millions de sesterces. Entre le Ier et le IIe siècle avant J.-C., des milliers et des milliers de prisonniers furent cédés aux marchands qui suivaient les troupes et alimentaient le marché.

Les révoltes furent pourtant nombreuses. Pas seulement dans les grandes exploitations agricoles, les latifundia, mais surtout dans les mines. Chaque génération eut son insurrection. La plus importante, et la plus célèbre, celle de Spartacus, entraîna certains hommes libres appartenant aux couches les plus basses. Lorsqu'elle fut écrasée, six mille esclaves furent suppliciés et crucifiés sur la route menant de Capoue à Rome. Ce fut une leçon définitive, après laquelle il ne devait plus y avoir de révoltes majeures.

L'emploi toujours plus intense et régulier de grandes quantités d'hommes réduits à la servitude a brisé le cadre de la petite propriété rurale. Les grandes exploitations de l'aristocratie romaine se renforcent. Pour les petits agriculteurs, la seule voie ouverte consiste à devenir soldat de profession. Un mécanisme auto-entretenu se met alors en place. L'esclavage brise la petite propriété agricole, ce qui pousse les petits propriétaires à s'engager comme soldats, et

1. *Ibid.*

entretient le mécanisme de rapines de guerre qui accroît le nombre d'esclaves et réduit le nombre de petits propriétaires. Mais cette évolution engendre aussi un chômage étendu, qui va prendre des proportions considérables dans les grandes villes (où se réfugient les déshérités des campagnes).

Cette dynamique finit par s'interrompre au cours du IIe siècle. Les guerres cessent progressivement d'être un investissement et prennent un caractère purement défensif. La dynamique d'expansion se brise. Entre le début et le milieu du IIIe siècle, le déséquilibre entre ressources et besoins prend alors, y compris dans la conscience des contemporains, la forme d'un véritable « collapsus historique ». Le déclin de l'Empire romain a commencé.

L'Occident va devoir faire marche arrière pour sortir de l'impasse où le système romain l'a engagé. Comme le dira Aldo Schiavone en conclusion de son ouvrage justement intitulé *Le Destin brisé* : « En persistant aussi bien à dépendre de l'esclavage qu'à refuser une élaboration sociale et intellectuelle du travail, donc en continuant de confiner l'espace de la production dans une irrémédiable marginalité, cette civilisation se soustrayait à l'avenir, devenant quelque chose comme une orbite morte[1]. »

1. *Ibid.*

II.

Naissance du monde moderne

Le miracle européen

L'Europe au Xe siècle semble avoir tout perdu de ce qui faisait la gloire de Rome et d'Athènes. Elle a perdu l'essentiel de ses connaissances scientifiques, elle a régressé vers une situation de quasi-autarcie. Lorsqu'elle veut acheter des biens étrangers, le commerce des esclaves est bien souvent son seul produit d'exportation ! Cinq cents ans plus tard, tout a changé. Les explorations asiatiques de Vasco de Gama, la « découverte » de l'Amérique ouvrent la voie à une domination planétaire de l'Occident, qui allait durer cinq siècles, et commence tout juste à être remise en question. Que s'est-il passé ? Reprenons le fil de ces transformations inouïes.

Au Xe siècle, les campagnes vivent encore refermées sur elles-mêmes, dans la hantise des menaces que font planer les Vikings au nord, les pillards musulmans ou hongrois au sud et à l'est, et les brigands venus des campagnes elles-mêmes au centre. La circulation des marchandises et des personnes est réduite à presque rien. Le château fort constitue à lui seul toute la société. Comme le résume Henri Mendras, dans *La Fin des paysans :* « L'Europe carolingienne était tout entière rurale. Point de villes, rien que des campagnes ; rien que des campagnes peuplées de paysans groupés en village autour du domaine du seigneur[1]. » Elle donne aux seigneurs le monopole de la violence, qui leur permet de s'approprier le surplus agricole. Le prélèvement se fait en nature. Les plus riches doivent voyager d'un château à l'autre pour consommer sur place le vin et le gibier qui leur sont dus.

Au sortir du Xe siècle, et tout au long des trois siècles de renaissance que formeront les XIe-XIIIe siècles, l'unité quasi autarcique du Moyen Âge va progressivement se briser. Les menaces vikings se dissipent, les routes redeviennent praticables[2]. Le commerce des marchandises et la circulation des personnes sont à nouveau possibles.

L'augmentation de la productivité agricole est l'un des traits majeurs du renouveau médiéval. Cette période voit une augmentation des terres cultivées et de la population. Les outils se multiplient et deviennent plus efficaces ; les pelles, les bêches et les araires sont maintenant ferrés, les herses apparaissent, le collier de cheval et le moulin à eau se répandent. L'amélioration de la productivité agricole permet de dégager des excédents qui vont nourrir, au sens propre, l'expansion.

La révolution urbaine et commerciale qui a lieu entre le XIe et le XIIIe siècle remet, après une longue éclipse, les villes au centre de l'histoire européenne. Certaines sont nouvelles : Venise, Ferrare et Amalfi. Celles qui ressuscitent le font sur des bases entièrement nouvelles. Les grandes cités antiques étaient davantage des lieux de consommation que des lieux de production. Aucune ne pouvait être définie comme « cité industrielle ». Les villes du Moyen Âge sont au contraire remplies d'artisans, leur vie est rythmée par le son des beffrois, qui ponctuent le temps de travail.

---

1. Henri Mendras, *La Fin des paysans*, 1967, rééd. Actes Sud, 1984.
2. Voir Douglas North et Robert Thomas, *The Rise of the Western World. A New Economic History,* Cambridge University Press, 1973. Trad. française, *L'Essor du monde occidental,* Paris, Flammarion, 1980.

Le travail s'affranchit progressivement du cadre où l'Antiquité l'a confiné. Il cesse d'être le travail-pénitence de la Bible et du haut Moyen Âge. Progressivement, il devient « un moyen de salut ». Comme le dit le médiéviste Jacques Le Goff, dès la première moitié du XIVe siècle, « perdre son temps devient un péché grave, un scandale spirituel[1] ». Cette mutation du travail n'est certes pas générale. Ce n'est pas le travail tout court qui est apprécié, mais seulement le travail qui s'apparente à une œuvre. « La scission se fait à partir du XIIIe siècle entre un travail manuel plus méprisé que jamais et le travail "intellectuel", celui du marchand comme celui de l'universitaire. » L'homme des temps nouveaux est l'humaniste, et d'abord l'humaniste italien de la première génération autour de 1400, marchand lui-même, qui transpose dans la vie l'organisation de ses affaires, se règle sur un emploi du temps. Cette rupture bouleverse le rythme qui était celui de l'économie agraire, rythme « exempt de hâte, sans souci d'exactitude, sans inquiétude de productivité – et d'une société à son image, sobre et pudique, sans grands appétits, peu exigeante, peu capable d'effort quantitatif ».

L'essor du monde moderne

Le nombre d'inventions produites ou importées entre le XIIe et le XVIIIe siècle est tout simplement stupéfiant, de l'architecture gothique aux horloges à pendule, en passant par le papier, l'imprimerie, les lunettes, les instruments de musique, les textiles de qualité... Si elles eurent peu

1. Jacques Le Goff, *Un autre Moyen Âge*, Paris, Gallimard, coll. « Quarto », 1999.

d'impact sur la croissance économique d'ensemble, c'est parce qu'elles sont longtemps restées des biens de luxe, réservés à un petit nombre d'utilisateurs. L'imprimerie n'a d'effet, initialement, que pour les populations qui savent lire, lesquelles sont rares d'abord parce qu'il est difficile d'avoir accès à un livre avant Gutenberg !

Pour mesurer la portée générale de ces innovations, Gregory Clark a reconstitué une croissance fictive, fondée sur des schémas de consommation « moderne ». En pondérant les secteurs par la part qu'ils prendront dans les dépenses du XIXe siècle, au lieu d'employer les pondérations du XIIIe siècle, il conclut à une croissance beaucoup plus forte que celle qui a été observée. Selon cette méthode, c'est une multiplication par trois du revenu par tête qui aurait été enregistrée entre la période médiévale et 1880. La productivité de la seule industrie des livres a ainsi augmenté de 1 % l'an entre le XVIe et le XVIIIe siècle, faisant passer l'offre de 120 manuscrits par an à 20 millions de livres imprimés en 1790[1]. L'écart entre la croissance des secteurs modernes, réservés à une élite, et la croissance d'ensemble montre au passage que les grandes innovations de cette période n'ont pas été principalement guidées par la recherche du profit, mais par la curiosité des inventeurs, par leur appétit de connaissances…

L'histoire de la pensée philosophique et scientifique du XVe au XVIIe siècle est ponctuée par quelques dates qui montrent la foudroyante avancée de l'Europe. En 1543, Copernic publie *De revolutionibus orbium coelestium*, en 1644, ce sont les *Principia philosophiae* de Descartes, et en 1687, surgissent les *Principia mathematica* de Newton. La science institue une

1. Ronald Findlay et Kevin O'Rourke, *Power and Plenty. Trade, War and the World Economy*, Princeton University Press, 2007.

unité nouvelle entre la recherche fondamentale et la technologie. Les Grecs maîtrisaient l'astronomie de Ptolémée, mais n'ont jamais imaginé l'utiliser à des fins utiles, pour la navigation par exemple. Ils pensaient qu'on pouvait comprendre le mouvement des étoiles, mais non la trajectoire d'une pierre[1]. « À la pensée [des Grecs et des Romains] échappait la possibilité de reconnaître le monde sensible comme territoire de la raison, de le dominer et de le contrôler au moyen de la vérification expérimentale. Cet esprit nouveau, celui de Bacon et de Descartes, remonte à la fin du Moyen Âge, au début de la Renaissance, mais guère au-delà[2]. »

Comme le résume Alexandre Koyré dans son livre *Du monde clos à l'univers infini*[3], la science nouvelle se caractérise par « la poursuite constante et consistante de la mathématisation de la nature, et sa non moins constante et non moins consistante valorisation de l'expérience et de l'expérimentation ». C'est cette conjonction étonnante du raisonnement pur et de l'expérimentation qui est, comme dira Einstein, le miracle improbable de la science de Newton et Galilée.

D'un point de vue contemporain, la révolution scientifique est un bienfait incomparable. Pour ceux qui en furent les témoins, elle sera vécue comme une rupture à la fois merveilleuse et douloureuse. Comme le dira aussi Alexandre Koyré, le basculement de la conception de l'univers comme un espace mathématique, à la fois infini et vide, fait parcourir « à l'esprit humain, tout au moins l'esprit européen, une révolution spirituelle très profonde, qui modifia

1. Roger-Pol Droit, *L'Occident expliqué à tout le monde*, Paris, Le Seuil, 2008.
2. Aldo Schiavone, *op. cit.*
3. Alexandre Koyré, *Du monde clos à l'univers infini*, Paris, PUF, 1962, rééd. Gallimard, coll. « Tel », 1988.

les fondements et les cadres mêmes de notre pensée. Les uns parleront de crise de la conscience européenne. Les autres de la sécularisation de la conscience, la substitution au souci de l'autre monde de l'intérêt porté à celui-ci... Les historiens de la philosophie mettront l'accent sur la découverte par l'homme de sa subjectivité essentielle. Les historiens de la littérature décriront le désespoir et la confusion que la philosophie nouvelle apportait dans un monde où toute cohérence avait disparu, et dans lequel les Cieux ne clamaient plus la gloire de l'Éternel ». Quelle que soit la douleur de cet accouchement, l'homme moderne, dans ses doutes et ses attentes, vient ici au monde.

L'équilibre des puissances

Aucune théorie ne rendra jamais droit, à elle seule, aux causes figurant à l'origine du virage qui est pris en Europe entre le XIIe et le XVIIIe siècle. Il semble toutefois indiscutable que le vide causé par la disparition de l'Empire romain et la rivalité entre les nouvelles puissances européennes pour occuper cet espace vacant vont jouer un rôle essentiel dans la manière dont évoluera la personnalité politique, économique et morale de l'Europe.

La notion d'un « équilibre des puissances », en anglais *balance of power*, est généralement associée au traité d'Utrecht, signé en 1713, qui scelle un compromis entre la France, l'Angleterre et l'Espagne. Il est en fait au cœur de la dynamique politique de l'Europe dès l'origine, dès la division de l'Empire entre les héritiers de Charlemagne, en 843. Chaque roi voudra être « empereur en son propre royaume ». Cette concurrence permanente entre les États explique le cycle immuable de guerre et de paix auquel l'Europe est constamment soumise.

Eric Jones, dans son livre « Le Miracle européen[1] », note que la géographie donne une explication possible de

1. Eric Jones, *The European Miracle*, Cambridge University Press, 1981.

la trajectoire politique de l'Europe. Ses frontières naturelles, les Alpes, les Pyrénées ou la Manche, expliquent l'immense difficulté à constituer un nouvel Empire, après la chute de l'Empire romain. Les défenses ainsi offertes à l'Angleterre, l'Espagne, et dans une moindre mesure la France, expliquent aussi pourquoi ces trois nations sont parvenues à atteindre une plus grande stabilité politique que leurs voisins allemands, autrichiens ou polonais. La position périphérique de l'Europe dans l'ensemble eurasien l'a également protégée des assauts répétés des Mongols. Alors que les villes musulmanes telles que Bagdad ou Damas ont été anéanties par les successeurs de Gengis Khan et que cette menace restera constamment au cœur des préoccupations chinoises, la peur des Mongols disparaîtra au contraire, lentement mais sûrement, de l'imaginaire européen.

L'histoire des guerres sur le continent donne un fil conducteur fondamental aux transformations qui vont survenir. Au Moyen Âge, tout vassal doit un paiement en nature à son suzerain. Pendant une durée de quarante jours, il met à sa disposition un nombre donné de chevaliers qui, au quarante et unième jour, sont libérés de toute obligation. Le développement de l'économie monétaire qui s'accélère aux XIe-XIIIe siècles va permettre de substituer un paiement en espèces, l'écuage, à cette obligation en nature. Ce financement monétaire va dégager les monarques des vicissitudes auxquelles conduit le système des quarante jours et leur permettre de monter des armées régulières. Le suzerain va ainsi pouvoir recruter des mercenaires, spécialistes en tout genre : archers anglais, piquiers suisses, arbalétriers genevois… qui vont progressivement faire disparaître la guerre féodale.

Les nouvelles technologies militaires donnent l'avantage aux armées nombreuses, bien équipées et innovantes. À la bataille de Crécy, les Anglais disposent déjà de bombardes qui lancent des projectiles sur l'ennemi, mais dont l'effet est surtout d'effrayer les chevaux. Un siècle plus tard, après de nombreuses améliorations, les canons menacent vraiment les châteaux forts. La sécurité que les seigneurs pouvaient offrir à leur population et à eux-mêmes disparaît sous la menace de leurs coups. Entre 1450 et 1550, les seigneurs locaux doivent se rendre à l'évidence. La fortification, même améliorée, ne les protège plus. Seul un pouvoir royal est à même d'assurer la sécurité.

Dans le domaine économique, le féodalisme recule à partir de la grande peste bubonique du XIVe siècle. Celle-ci est si grave qu'elle réduit d'un tiers environ la population européenne. Cette rareté soudaine de l'homme par rapport à la terre fait gagner aux paysans une liberté nouvelle. Elle leur permet de quitter les seigneurs trop exigeants, et de demander refuge ailleurs, assurés d'être accueillis par d'autres seigneurs en manque de main-d'œuvre. En « Europe de l'Ouest », c'est-à-dire à l'ouest de l'Elbe, la plupart des paysans deviennent « libres » à partir de 1500. Ils peuvent se marier légalement, migrer, devenir propriétaires de leurs terres. Le système féodal est miné. Les rois vont alors étendre leur protection aux paysans, ruinant davantage l'autorité de la justice seigneuriale[1].

La grande scission entre l'Europe orientale et l'Europe occidentale date de cette rupture. Car à l'est, au contraire, les paysans perdent la bataille de leur émancipation. La classe dirigeante les remet dans le rang, les exploitant ensuite effrontément, sans plus jamais chercher à innover. Il faudra ainsi attendre la fin du XIXe siècle pour que l'esclavage soit aboli en Russie.

1. Même si, dans toute l'Europe, bon nombre de privilèges seigneuriaux vont demeurer jusqu'à la Révolution française.

La civilisation des mœurs

Entre le milieu du XVIe siècle et le milieu du XVIIe siècle s'ouvre une étrange période de gestation, chirurgicalement étudiée par Robert Muchembled dans son livre *Une histoire de la violence*[1]. Le sang coule en abondance. Les rois sont assassinés, comme Henri III ou Henri IV en France. L'Europe connaît des guerres religieuses sans nombre. L'extrême désorganisation du continent est induite par l'incessante rivalité entre des Églises concurrentes et des princes ambitieux. Les nombreuses armées qui sillonnent les terres européennes infligent les pires horreurs aux vaincus, y compris dans les populations civiles. Mais la conséquence silencieuse de ce mouvement général est de pousser tous les États, plus ou moins rapidement, à tenter de désarmer et de pacifier ceux de leurs citoyens qui ne sont ni soldats ni gardiens de l'ordre.

Sommées de ne plus porter les armes, les populations doivent s'en remettre à la sécurité garantie par la maréchaussée royale et la justice, tandis que s'impose une armée de métier casernée. Un travail philosophique s'engage alors pour distinguer la violence ordinaire et la violence « légitime », celle « qui consiste à limiter étroitement le droit de tuer aux devoirs sacrés envers la patrie, les êtres aimés et la légitime défense ». À partir du milieu du XVIIe siècle, les statistiques de meurtres entament une longue décrue. Commence alors ce que Norbert Elias, dans un ouvrage célèbre, appellera « la civilisation des mœurs », celle de l'autocontrôle et de la politesse[2].

1. Robert Muchembled, *Une histoire de la violence,* Paris, Fayard, 2008.

2. Norbert Elias, *La Civilisation des mœurs*, 1939, trad. française, Paris, Calmann-Lévy, 1973. Elias impute aux codes de civilités qui s'imposent

Les irréductibles sont éliminés sans pitié. De 1768 à 1772, selon Muchembled, la maréchaussée française, réputée la meilleure d'Europe, procède à l'arrestation de 71 760 mendiants, souvent de jeunes ruraux déracinés, sans espoir. Grâce à ces résultats, l'homicide cesse d'être la préoccupation principale des autorités. Les foudres judiciaires changent de cibles. Elles s'abattent davantage sur les auteurs de larcins. « Le vol simple, ou, pour les domestiques, le fait de dérober la moindre chose à leur maître, fût-ce un mouchoir, peut conduire à la potence. » À compter du milieu du XVIIIe siècle, la propriété des biens devient essentielle. La civilisation bourgeoise s'apprête à dominer le monde.

Naissance de la démocratie représentative

Au sein des nations, bouleversées par ces changements, un principe régulateur nouveau, fragile à l'origine, va également surgir. Dès le XIVe siècle et dans la plupart des pays européens, on voit apparaître des assemblées aux noms divers : états généraux, Cortes, Parlement... Elles ont des caractéristiques communes et répondent au même

---

à la cour du roi la montée d'une civilisation des mœurs. Muchembled relativise la portée de cette explication, en montrant que le processus est surtout urbain. Les villes installent une « troisième voie » entre l'univers dominant des aristocrates et celui des paysans. En matière de violence, les lieux publics sont beaucoup mieux contrôlés dans les villes. Les cités prospères ne peuvent tolérer la violence sans menacer leur réputation. Les villes connaissent leur âge d'or jusqu'au milieu du XVIe siècle, avant d'être prises en tenaille par les États.

besoin : faire front face aux besoins budgétaires des États[1].

Nulle part mieux qu'en Angleterre ne se dessine l'originalité du processus engagé. Les barons qui marchent sur Londres, le 16 mai 1214, obtiennent de Jean sans Terre qu'il renonce à sa décision de lever un écuage exceptionnel (dont ne sont exemptés que les barons qui l'ont accompagné en France). Jean doit reculer et accorder la *Magna Carta,* document qui anticipe de plusieurs siècles la Déclaration des droits de l'homme. Les barons obtiennent que le roi s'engage à assurer une justice impartiale et à garantir les libertés individuelles. Mais c'est surtout la question fiscale qui est au cœur du texte. Le roi doit soumettre l'augmentation des impôts à l'assentiment du Parlement. La démocratie représentative est née.

Toujours consulté par la suite, le Parlement anglais a maintenu et renforcé sa légitimité[2]. Lorsque les Stuarts, au milieu du XVIIe siècle, durent chercher des solutions à leurs difficultés financières, il leur fallut faire face à une assemblée dont le secours leur était d'autant plus nécessaire que

1. Gabriel Ardant, *Histoire de l'impôt*, Paris, Fayard, 1971, 2 volumes. Ardant note que « nulle part le gouvernement des cités méditerranéennes n'a donné naissance à un régime représentatif, dont les théoriciens de la science politique de l'Antiquité ne concevaient même pas la possibilité ».

2. L'histoire des Tudors montre comment cette dynamique s'est mise en œuvre. Pour augmenter ses revenus (et accessoirement se remarier), Henri VIII rompt avec le pape et s'approprie les richesses alléchantes de l'Église. Cela lui permettra de desserrer sa contrainte budgétaire propre mais affaiblira sa légitimité, rendant plus nécessaire encore d'obtenir l'assentiment du Parlement. Sa fille, Élisabeth, se dégagera de ses propres difficultés budgétaires en commanditant elle-même des entreprises de piraterie de bon rapport, qui rendront moins conflictuels ses rapports avec les états généraux et seront une alternative à la constitution d'une forte bureaucratie capable de lever des impôts.

le royaume ne s'était pas doté d'une administration fiscale efficace. Deux révolutions, celle de 1648 et celle de 1688, vont être nécessaires pour fixer l'équilibre entre ce nouveau pouvoir et celui du roi. Les treize articles de la Déclaration des droits de 1689 consacrent le pouvoir fiscal esquissé par la *Magna Carta* – le roi s'interdisant de lever des impôts ou une armée sans le concours du Parlement[1].

Cette mise sous tutelle des finances du royaume se révèle une très bonne nouvelle pour celles-ci. Elle rassure les banquiers et permet aux emprunts d'État de bénéficier d'une baisse significative des taux d'intérêt versés. Ceux-ci vont chuter de 9 % en moyenne avant 1688 à 3 % en 1750. Selon Douglas North, prix Nobel d'économie, ce tournant est décisif. L'Angleterre, selon lui, doit en effet sa réussite économique à de « meilleures institutions », un meilleur respect de la propriété privée et une meilleure protection contre le risque d'expropriation, garanties dont le Parlement sera le gardien vigilant[2].

Cette idée, qui paraît séduisante, a toutefois été critiquée par de nombreux historiens. On peut montrer en effet que les taux d'intérêt payés par le secteur privé ont augmenté, et non pas baissé, après la révolution anglaise, restant longtemps au niveau de leurs homologues européens[3]. Or ce

1. Le principal mérite de la Glorieuse Révolution de 1688 est de mettre fin aux guerres civiles anglaises. Elle reste une révolution par le haut, sans grande portée immédiate pour le peuple en matière de droits démocratiques.

2. Voltaire s'émerveille de la révolution britannique dans les termes suivants : « Le sang de Charles Ier était encore chaud quand le Parlement anglais, quoique composé pour l'essentiel de fanatiques, a voté le célèbre *Navigation Act* » (en 1651), qui institue la propriété intellectuelle.

3. Quinn, « The Glorious Revolution's Effect on British Private Finance : a Microhistory : 1680-1705 », *The Journal of Economic History*, vol. 61, n° 3, 2001, p. 593-615.

sont ces taux sur les transactions commerciales qui comptent pour le financement de l'investissement et l'accumulation du capital[1]. L'idée que la révolution anglaise de 1688 a donné le coup d'envoi au développement du capitalisme ne résiste donc pas à l'examen.

C'est en fait dans sa rivalité militaire avec la France que les faibles taux d'intérêt payés sur la dette publique donneront un avantage décisif à l'Angleterre. À la suite de la guerre coûteuse que les deux pays vont se livrer lors de la guerre d'indépendance américaine, l'Angleterre financera sans encombre, par emprunt, ses dépenses militaires. La France à l'inverse s'enlisera dans les difficultés de financement et de refinancement d'une dette de plus en plus lourde. À l'image des pays émergents qui doivent aujourd'hui faire appel au FMI pour régler leurs problèmes financiers, Louis XVI devra confier à un banquier suisse, Necker, la gestion des finances publiques françaises. Voulant convoquer les états généraux pour résoudre les problèmes budgétaires de l'État, Louis XVI y perdra sa tête,

1. Jean-Laurent Rosenthal a également critiqué l'idée selon laquelle les droits de propriété foncière seraient à l'origine de la croissance anglaise. À ses yeux, ce serait en fait le contraire. Les aristocrates anglais, propriétaires des terres, ont souvent bloqué, par souci d'économie, des investissements pourtant utiles, dans le domaine de l'irrigation des terres notamment. Le débat entre les tenants de North et Weingast, qui mettent les réformes institutionnelles au cœur de la dynamique anglaise, et leurs opposants, qui insisteront sur d'autres fondamentaux, telles la science ou l'éducation, est loin d'être épuisé. Voir par exemple Avner Greif pour un exposé du premier camp, *Institutions and the Path to the Modern Economy : Lessons from Medieval Trade*, Cambridge University Press, 2006. Le camp adverse compte Gregory Clark, *Farewell to Alms*, Princeton University Press, 2007. La comparaison entre le développement chinois et le développement européen offrira un autre terrain d'affrontement à ces deux écoles.

comme plus tôt le roi Charles d'Angleterre, de la maison des Stuarts.

Conclusion

L'Europe a inventé un modèle politique nouveau, celui de l'État-nation, à mi-chemin entre les deux grands modèles antérieurs : celui de la cité, dont Athènes est l'exemple parfait, et qui survit à Venise ou à Florence ou dans les villes hanséatiques ; et celui de l'Empire, dont Rome est le modèle, et qui se maintiendra longtemps dans les consciences européennes comme une fiction puissante, par exemple dans l'Empire romain germanique (qui ne sera formellement aboli qu'en 1806 par Napoléon). Aucune puissance européenne ne parviendra jamais à restaurer l'ordre impérial. Chacune devra apprendre à vivre à l'intérieur de ses frontières, en concurrence avec d'autres, situées de l'autre côté d'une mer ou d'une montagne. Cette tension permanente sera l'un des fondements du dynamisme européen. L'Europe devra apprendre à conjuguer l'idée de l'Empire universel, présente à travers la foi chrétienne notamment, et le génie singulier de chaque nation.

C'est au croisement de ces tensions, militaires et morales, que la pensée humaniste et scientifique va prospérer. Le procès de Galilée va étouffer, un temps, la science italienne, mais le flambeau passera sans difficulté dans l'Angleterre de Newton. Car aucune idée, aussi révolutionnaire soit-elle, ne peut être longtemps étouffée. Elle trouve toujours une oreille charitable auprès d'un roi ou d'un prince tenté de damer le pion à son voisin. La culture commerciale des cités italiennes passe sans difficulté de Gênes à Anvers, Amsterdam, Londres. Avant de pouvoir financer son voyage aux Indes, Christophe Colomb, venu lui-même de Gênes, fait plusieurs fois le tour des capitales européennes, qui refusent toutes de le financer. Toutes sauf la dernière, celle du trône d'Espagne, qui bénéficie de liquidités nouvelles, venues de l'expropriation récente des juifs espagnols.

La rivalité militaire entre les États européens leur donnera aussi un avantage décisif et beaucoup plus direct, lorsqu'ils exporteront leur puissance outre-mer, vers les Indes occidentales et orientales. Leurs armées, bien équipées et très professionnelles, écraseront sans difficulté celles qu'elles rencontreront sur leur passage[1]. Fort de cette supériorité militaire et de la réserve d'idées qui viendront jaillir de la révolution scientifique, l'Occident peut maintenant conquérir le monde.

1. Jared Diamond souligne également le rôle joué par l'exportation de ses épidémies dans les succès militaires de l'Europe outre-mer, in *Guns, Germs and Steel*, New York, Norton, 1997, trad. française : *De l'inégalité entre les nations*, Paris, Gallimard, 2000.

III.

La loi de Malthus

Le verrou agricole

Malgré son dynamisme technologique nouveau, l'Europe va constamment buter sur un obstacle récurrent, venu du plus profond des âges : les crises alimentaires. La période faste du XIe au XIIIe siècle est ainsi rapidement brisée par le retour de la famine. Elle apparaît dès le début du XIVe siècle. *La famine, la peste et la guerre* : les trois fléaux qui frappent alors la population conjuguent leurs effets. À la fin du XIVe, celle-ci est détruite de plus d'un tiers par rapport au maximum qu'elle avait atteint au début du siècle. Il faudra attendre le début du XIXe siècle pour qu'elle retrouve ce niveau. C'est cette rupture qui provoquera, on l'a vu, l'effondrement du féodalisme. La chute de la population rend l'homme soudainement rare par rapport à la terre. Les serfs fuient les domaines de leurs seigneurs, assurés de trouver l'hospitalité ailleurs.

La Renaissance correspond à une période où la population ainsi réduite est affranchie, vers le milieu du XVe siècle, du verrou alimentaire. Grâce à une population moindre, l'Europe peut profiter d'une meilleure productivité agricole, en se concentrant sur les terres les plus fertiles. Ce processus permet de libérer une partie de la population, laquelle migre vers les villes, et participe à la reprise du commerce.

Mais les mêmes causes produisant les mêmes effets, le verrou agricole se referme aussitôt que la population européenne retrouve, vers le milieu du XVIIe siècle, le niveau qui était le sien au début du XIVe. Sans être de même ampleur, le trio infernal de la famine, de la peste et des guerres vient à nouveau ravager l'Europe. La guerre de Trente Ans (1618-1648) introduit la dysenterie, le typhus, la variole, la peste. La famine frappe régulièrement la France entre 1628 et 1638, et de 1646 à 1652. En 1693-1694, elle fut si dure qu'on l'appela la Grande Famine. À l'aube du XVIIIe siècle, la France est à nouveau un pays pauvre. Comment est-ce possible, après tant de splendeurs ? Tel est le paradoxe que les économistes vont chercher à résoudre.

La loi du révérend Thomas Malthus

L'économie politique classique, celle qui continue d'inspirer aujourd'hui les économistes, naîtra à la fin du XVIIIe siècle, habitée de vives controverses sur la question de savoir si c'est la terre ou l'homme qui est source des richesses[1]. Adam Smith et David Ricardo en seront les grands maîtres. Mais la vision la plus cinglante de l'histoire humaine, à laquelle ils adhéreront tous, vient de Thomas Malthus, pas-

1. Le terme « économie politique » est inventé, en 1615, par Antoine de Montchrestien, un auteur qui appartient à l'école dite des mercantilistes. Pour ceux-ci, le commerce et l'industrie sont les sources de la richesse, lesquelles doivent être favorisées par ce qu'on appellerait aujourd'hui la politique industrielle et le protectionnisme. Les mercantilistes négligent la question agricole, ce qui leur sera reproché au XVIIIe siècle par des auteurs qui s'appelleront les physiocrates, dont le chef de file est François Quesnay.

teur de son état, dont la loi va longtemps fixer la compréhension du monde par les économistes[1].

La loi de Malthus peut se résumer ainsi. Quels que soient les progrès réalisés par les civilisations humaines, dans le domaine des arts ou des techniques, le revenu des habitants d'une nation ne peut pas progresser ! La raison en est extrêmement simple. Lorsque le revenu d'une nation tend à croître, la population tend à croître plus vite encore. Richard Cantillon[2] dira ainsi que les hommes, lorsqu'ils ne sont pas soumis à la contrainte (de se nourrir), se reproduisent « comme des souris dans une grange ». Toute amélioration du niveau de vie des populations déclenche ainsi une croissance exponentielle de la population. Elle doit être brisée, tôt ou tard, faute de terres disponibles.

La loi de Malthus paraît extravagante. Est-il possible que le revenu ait stagné au cours des millénaires et des millénaires de l'existence humaine ? Elle est pourtant confirmée par les travaux d'économie quantitative les plus récents. Des comparaisons audacieuses sont faites par Gregory Clark dans un livre étonnant, « L'Adieu aux âmes[3] ». Il montre que le salaire journalier à Babylone (entre 1880 et 1600 avant J.-C.) représentait 15 livres de blé. À Athènes, il s'élève à 26 livres. En Angleterre, en 1780, il est retombé à 13 livres de blé ! La consommation calorique d'un Européen a certes été améliorée par l'importation de ces produits nouveaux que furent les épices, le sucre, le thé et le

1. Thomas Malthus, *Essai sur le principe de population,* publié en 1798, rééd. Seghers, 1963.

2. Richard Cantillon, *Essai sur la nature du commerce en général,* publié à Londres en 1755 ; le livre est écrit (en français) vers 1730, rééd. INED, 1952.

3. Gregory Clark, *Farewell to Alms. A Brief Economic History of the World,* Princeton University Press, 2007.

café en provenance d'Asie, ou les pommes de terre et les tomates venues d'Amérique. Mais ces adjonctions restent mineures, par rapport à la consommation monotone de pain, relevé par quelque modeste supplément de bœuf, mouton ou fromage.

Comparant l'agriculture anglaise, parmi les plus productives d'Europe au XVIIIe siècle, à celle des sociétés moins développées, Clark parvient aux résultats étonnants suivants. Un paysan anglais produit environ 2 600 calories (de blé, de viande et de graisse) par heure. Bon nombre de sociétés dites primitives font beaucoup mieux. Les Kaulus en Indonésie produisent 4 500 calories, les Mekranotis au Brésil en fournissent 17 600. Si l'on ajoute que les chasseurs-cueilleurs ne travaillaient que quelques heures par semaine, c'est en fait une formidable dégradation de la condition humaine qui s'est produite au cours des quelque dix mille ans qui séparent la découverte de l'agriculture de l'époque industrielle[1] !

La loi des rendements décroissants

Un principe simple émerge, qui permet de comprendre ces évolutions. La production agricole est soumise à une *loi des rendements décroissants.* Plus il faut cultiver de terres pour nourrir une population en expansion, plus il faut déplacer la production agricole vers des terres moins fertiles, plus il devient difficile de nourrir les hommes et leurs bêtes. Vient

1. Ce temps très long de l'histoire passe évidemment à côté du fait que certaines civilisations s'élèvent, parfois longtemps, au-dessus du piège malthusien, avant d'être rattrapées par lui. Pour l'historien, ces temps d'exception ont évidemment plus de poids que la règle monotone qui les submerge toutes.

fatalement un point où la population ne peut plus continuer à croître.

Ainsi s'explique l'apparition de la rente foncière. En obligeant à défricher et cultiver de mauvaises terres, l'augmentation de la population offre une rente de situation aux propriétaires des meilleurs sols. Ils peuvent, sans craindre la concurrence, en faire payer plus cher l'usage. Cette théorie contredit l'idée développée au XVIIIe siècle par les physiocrates. Pour ces auteurs, emmenés par le docteur Quesnay, médecin à la cour, un fruit planté dans le sol par un homme peut en produire cinq et donc nourrir cinq fois plus de personnes. La terre est la seule source de richesses, selon ce raisonnement, parce qu'elle hérite de la générosité divine. Dans le raisonnement de Malthus, c'est le contraire. Si Dieu était infiniment généreux, les bonnes terres seraient infiniment abondantes et la rente foncière serait nulle. La rente mesure donc l'avarice divine, pas sa générosité.

La théorie de la rente foncière explique aussi l'équivalence qui se noue dans l'histoire entre aristocratie et richesse. Les premiers nobles s'approprient le contrôle des meilleures terres. Ce qui leur procure statut et richesse. Les nouveaux arrivés acquièrent les dernières terres disponibles, prenant leur place dans la longue file des « nouveaux riches ». Schiavone concluait que déjà, sous l'Antiquité, le devant de la scène économique restait fermement occupé par une seule figure : le seigneur rentier. Toute autre image de la richesse n'indiquait qu'un état « transitoire et ambigu ». Ce sont des termes qui valent pour toutes les époques, toutes les civilisations, jusqu'à la révolution industrielle.

La science sinistre

La loi de Malthus a valu à la science économique d'être appelée la science sinistre (*the dismal science*). Pour les penseurs des Lumières, tel Condorcet en France, la misère, le malheur, n'est pas le résultat d'une nature humaine « mauvaise », mais de mauvais gouvernements. Malthus, dont le père était un admirateur des Lumières, veut montrer exactement le contraire : que le bon gouvernement nuit, à terme, au bien-être public. Ce qui apparaît comme un bien, la paix, la stabilité, l'hygiène publique, se transforme en malédiction : car tous favorisent l'expansion démographique et finalement la misère. Au contraire, les vices que sont la guerre, la violence, la mauvaise vie, créent une situation inverse : ils cassent l'expansion démographique, ce qui permet (à ceux qui survivent) de mieux vivre. Et de fait, la Grande Peste bubonique qui s'abat sur l'Europe à partir du milieu du XIVe siècle améliore la situation économique des survivants[1]...

Dans le monde préindustriel, une mortalité forte est en effet une bonne chose : c'est autant de bouches en moins à

1. Les salaires anglais vont ainsi plus que doubler après la Grande Peste avant de revenir, lentement, vers leur niveau initial.

nourrir. Une mauvaise hygiène ne gêne pas, d'un point de vue social. Lorsque le théâtre du Globe fut ouvert pour y donner les premières représentations de Shakespeare, un seul cabinet d'aisances était mis à la disposition des quelque mille cinq cents spectateurs que le théâtre pouvait accueillir. Les clients allaient faire leurs besoins dans le jardin adjacent, voire dans le théâtre lui-même, dans les escaliers ou les couloirs… La cour de Versailles était également connue pour son odeur épouvantable[1].

On peut évidemment s'étonner d'une théorie qui affiche une équivalence entre le niveau de vie atteint sous le règne de nos grands rois du XVIIe siècle et la vie primitive des aborigènes australiens ou amazoniens. Comment comparer la splendeur de Versailles et la vie dans les campements de chasseurs-cueilleurs ? La réponse tient à l'écart entre la moyenne et les extrêmes. La masse des habitants ne vit pas mieux dans l'Europe du XVIIIe siècle que dans la savane africaine plusieurs millénaires plus tôt. Mais les quelques riches, pouvant s'adosser à des populations plus nombreuses, sont également beaucoup plus riches. Car le paradoxe central qui résume tous les autres est le suivant. Dans le monde malthusien, les inégalités sont une bonne chose ! Elles ne changent rien au niveau de vie des classes populaires et soustraient à la misère celles qui les exploitent… Les inégalités augmentent donc le revenu moyen. C'est véritablement le règne de la prospérité du vice[2].

Un autre paradoxe central des sociétés gouvernées par la loi de Malthus est que le travail ne paie pas. Plus une

1. Voir Gregory Clark, *Farewell to Alms*, *op. cit.*

2. Une autre explication tient au fait qu'une civilisation peut atteindre un sommet resplendissant avant de retomber dans le piège malthusien. Le souvenir qu'elle laissera dans les annales de l'histoire sera celui de ses meilleures années, pas de son déclin.

société est industrieuse, plus le rendement de l'heure travaillée s'affaiblit. Les chasseurs-cueilleurs gagnaient autant que les ouvriers anglais de la première industrie, mais en travaillant très peu. L'ouvrier, au début du XIXe siècle, travaille dix heures par jour, plus de trois cents jours par an en moyenne, pour le même revenu final. Au contraire, les Huis, une société de chasseurs-cueilleurs installés au Venezuela et dont on peut mesurer les us et coutumes, travaillent en moyenne deux heures par jour.

La loi de Malthus est le véritable acte fondateur de la science économique moderne. Elle va profondément influencer les économistes classiques, qui vont tous adhérer à sa vision pessimiste de l'histoire humaine, vouée à la pauvreté perpétuelle. Marx en sera le digne héritier, dont l'œuvre sera tout entière destinée à prouver que le prolétariat ne peut pas s'enrichir, au sein du capitalisme. La théorie de Malthus jouera aussi un autre rôle important, d'ordre philosophique. Elle montre en effet que l'homme subit une loi qui s'impose à lui mais qu'il ne comprend pas. Darwin ne s'y est pas trompé, qui dédiera à Malthus son livre *L'Origine des espèces*[1]

1. À lire les anthropologues, l'infinie variété des dispositifs régissant la vie sexuelle ne semble jamais véritablement liée à la question démographique (cette observation est faite dans Paul Yonnet, *Le Recul de la mort*, Paris, Gallimard, 2006). Dans la France du XVIIe siècle, une femme qui a été mariée dès l'âge de vingt ans a 9,1 enfants en moyenne. En Angleterre, qui est le pays où le taux est le plus bas, les femmes mariées à l'âge de vingt ans ont 7,6 enfants. Dans les deux cas, les couples une fois constitués ne semblent pas avoir de stratégie contraceptive. Des naissances précoces ne réduisent pas, par exemple, le nombre d'enfants mis au monde ensuite. La raison pour laquelle la fécondité européenne est en moyenne plus basse que le maximum biologique est à chercher en dehors du couple. Le mariage tardif voire l'absence de mariage est la règle pour un nombre significatif de femmes. Ce mariage tardif doit

Le premier pays d'Europe qui engagera véritablement ce qu'on appellera la « transition démographique » est la France. Cette transition est le processus qui fait passer le nombre d'enfants des hauts niveaux de l'époque préindustrielle (jusqu'à dix enfants par femme en moyenne) à ceux qu'on associe au monde moderne, à savoir deux enfants ou moins en moyenne. Les économistes expliqueront que la transition démographique découle de la prospérité matérielle et des avancées de la santé publique. Grâce à celles-ci, les familles passent, selon l'expression de Gary Becker, du règne de la quantité à celui de la qualité : on a moins d'enfants, mais on s'en occupe mieux, une fois notamment qu'on est assuré qu'ils ne mourront pas jeunes… La France invalide pourtant ce raisonnement. Dès le milieu du XVIIIe siècle, avant même que les progrès de la civilisation matérielle ne se fassent sentir, les Français enregistrent une baisse spectaculaire de la natalité, ce qui conduira le pays longtemps considéré comme « la Chine de l'Europe » à être rattrapé en matière de population par les autres pourtant initialement loin derrière. À titre d'exemple, il y avait plus de Français que de Russes au début du XVIIIe siècle, et quatre fois plus de Français que d'Anglais. Si la France avait connu la même croissance démographique que l'Angleterre tout au long du XIXe siècle, il y aurait aujourd'hui près de 200 millions de Français en Europe[1] ! Ces chiffres donnent, a contrario, la mesure des forces démographiques en jeu.

souvent aux difficultés de s'installer en couple. Il y a donc bien une rétroaction du cycle économique sur le cycle démographique. Mais dès que la condition matérielle s'améliore, le mariage est avancé, et le piège malthusien se referme sur les sociétés en croissance.

1. Les raisons du ralentissement démographique français ont longtemps été imputées au Code civil napoléonien, faisant obligation de par-

L'Allemagne est restée plus longtemps encore sur le chemin d'une démographie forte, dépassant la France dès le milieu du XIXe siècle. L'accroissement de leur population est l'une des raisons majeures pour lesquelles les pays tard venus dans la modernité tendent à dépasser les autres. Ce déséquilibre croissant entre la France et l'Allemagne jouera son rôle dans le déclenchement des guerres du XXe siècle.

---

tager également l'héritage, et poussant à réduire le nombre d'enfants pour ne pas avoir à l'éparpiller. Le ralentissement démographique français précède en fait la création du Code civil, mais le raisonnement demeure. Voulant traiter également leurs enfants, avant que la loi ne leur en fasse obligation, les Français en ont réduit le nombre.

IV.

Prométhée libéré

La révolution industrielle

Vers le milieu du XVIIIe siècle, l'Europe prend un virage dont l'importance n'est comparable qu'à celle de la révolution néolithique. Bouleversant le cadre de la vie humaine dans des proportions impossibles à imaginer quelques décennies plus tôt, la révolution industrielle va progressivement, en un siècle, interrompre le séjour immémorial de l'homme au pays de Malthus. Qu'est-il arrivé ?

Comme son nom l'indique, cette rupture va être portée par l'émergence de nouvelles techniques dans le domaine industriel. La plus célèbre d'entre elles est la machine à vapeur de James Watt, laquelle vient parachever un ensemble d'innovations, qui visent initialement à améliorer le pompage des mines. Mais avec la machine à vapeur, le monde va apprendre à accomplir beaucoup d'autres choses que pomper l'eau des mines. On va pouvoir développer l'industrie textile, les chemins de fer puis les bateaux à vapeur… Grâce à elle, la mécanisation du monde peut véritablement commencer[1].

1. Un débat fait rage parmi les historiens sur la datation du processus engagé par la révolution industrielle. Les premières estimations de la croissance économique anglaise proposées par Deane et Cole montrent une rupture brutale. Entre 1760 et 1800, la croissance du revenu

Aristote expliquait l'esclavage par une formule célèbre : « Si la navette courait d'elle-même sur la trame, l'industrie n'aurait plus d'ouvriers. Si chaque outil pouvait exécuter sur sommation, ou de lui-même, la tâche qui lui est propre, l'architecte n'aurait plus besoin de manœuvre, ni le maître d'esclaves. » L'histoire de la filière textile anglaise permet de suivre de manière singulièrement précise le tour que prendra cette prédiction.

En 1733, un tisserand génial, du nom de John Kay, invente bel et bien la navette volante « qui court d'elle-même sur la trame » dont rêvait Aristote. Il met au point un système de renvoi automatique de la navette, qui permet de tisser des largeurs plus grandes que l'étendue du bras de tisserand. Grâce à son invention, la vitesse du travail a doublé. Kay est alors immédiatement chassé de sa ville natale, Colchester, et poursuivi de ville en ville, par des émeutiers qui comprennent bien que la navette va prendre « leur » emploi. Il mourra dans la misère, émigré en France.

---

par tête est de 0,5 % l'an. De 1800 à 1830, elle est passée à 1,6 % l'an. Les nouvelles données proposées par Crafts réduisent ces chiffres des deux tiers. La croissance n'est que de 0,17 % l'an de 1760 à 1800. Elle passe à 0,5 % en 1800-1830. Il faut attendre la période 1830-1870, selon cet auteur, pour qu'elle atteigne presque 2 % en moyenne annuelle. Le désaccord est moindre toutefois pour la croissance industrielle elle-même. Elle passe de 1,2 % à 4,4 % selon Deane et Cole entre les deux périodes. Pour Crafts, elle passe de 1,96 % à 3 %. Le désaccord tient donc moins à la croissance industrielle qu'à son impact sur la croissance d'ensemble. L'économie britannique voit sa structure se modifier brutalement. La part de l'emploi agricole masculin passe de 61 % en 1700 à 53 % en 1760, 41 % en 1800 et 29 % en 1841. Au sein du secteur industriel, les industries modernes cannibalisent les anciennes (du cuir, de la laine, du lin). L'effet de l'industrie sur l'économie dans son ensemble ne devient véritablement palpable qu'à partir de 1840. L'emploi industriel est passé du tiers de l'emploi masculin en 1800 à presque la moitié en 1840. Voir le résumé qu'en donnent Ronald Findlay et Kevin O'Rourke, *op. cit.*

Sa découverte donnera pourtant à la filière textile anglaise un avantage qui durera près d'un siècle, expliquant à elle seule près de 50 % de la croissance britannique dans la première moitié du XIXe siècle. L'enchaînement est parfaitement exemplaire du fonctionnement du capitalisme. En dehors de Colchester, la machine de Kay se répand, réduisant spectaculairement les coûts. Mais l'expansion du tissage exige que le filage suive aussi la cadence. Or les vieux rouets sont trop lents. Les délais de livraison des filés augmentent, les prix aussi. Il faut attendre 1764 pour qu'un autre inventeur génial, Arkwright, mette au point une machine à filer, la *waterframe*, qui permet à ses ouvriers d'actionner huit, puis seize, puis soixante broches à la fois, en utilisant l'énergie hydraulique. Pour améliorer la force motrice de ses métiers, il fait ensuite appel, en 1777, à James Watt, dont la machine à vapeur sera perfectionnée à cet effet[1].

En se développant, l'industrie textile rencontre de nouveaux goulets d'étranglement, au niveau du blanchiment des tentures. On blanchissait autrefois les tissus avec du lait caillé en les séchant au soleil. Il fallait beaucoup de prairies et beaucoup de vaches. Toute l'industrie chimique sera à la tâche pour résoudre ce dysfonctionnement, débouchant vite sur des innovations radicales. On passe d'abord du lait de vache à la soude. Mais celle-ci était produite à partir d'une plante rare, la salicorne, qui vient à manquer durant les guerres de la Révolution et de l'Empire. Le procédé du Français Nicolas Leblanc fut alors peu à peu adopté. Le chlore, isolé en 1774, devient la base du blanchiment.

1. Voir Patrick Verley, *La Révolution industrielle*, Paris, Gallimard, coll. « Folio », 1997.

Mais le blanc est une chose, la couleur en est une autre. La course à l'industrie des colorants devient la grande affaire du XIXe siècle. La première teinture synthétique, commercialisée en 1856, est due à un chimiste anglais du nom de W. H. Perkin. Elle permet à la reine Victoria d'arborer un superbe mauve à l'Exposition universelle de 1862, suscitant la convoitise de tous les chimistes européens. L'industrie allemande naît de ce défi. En 1869, elle réalise la synthèse de l'alizarine qui se substitue à la garance, cultivée dans le Vaucluse, comme base des couleurs rouges. Grâce aux profits exceptionnels qui en découlent, elle multiplie les recherches, associant pour la première fois de l'histoire la recherche théorique et celle du profit. Jusqu'à trouver enfin le Graal : la synthèse de l'indigo, qui sera commercialisé en 1901. En passant, elle invente l'aspirine en 1899, et entraîne dans son sillage l'industrie pharmaceutique moderne[1]...

On est loin des débuts difficiles de John Kay, mais la filière qu'il a créée permet de comprendre la logique des innovations industrielles. Le principe est toujours le même. La course de la croissance tire les secteurs en retard jusqu'au point de rupture, provoquant des innovations qui brisent l'équilibre antérieur et prennent parfois un cours autonome. Sa dynamique est rien moins que régulière. Un déséquilibre chasse l'autre, mais cette course entraîne *in fine* la croissance d'ensemble.

L'Angleterre est un cas unique pour la manière dont elle a joué sa croissance d'ensemble sur quelques secteurs de pointe, les *leading sectors* : le textile, la sidérurgie d'abord, puis la construction mécanique, la construction navale, s'appuyant sur les exportations pour leur trouver des débou-

1. Voir François Caron, *Le Résistible Déclin des sociétés industrielles*, Paris, Perrin, 1985.

chés. Elle va également beaucoup plus loin que les autres pays dans la polarisation régionale des activités : le coton à Manchester, la construction mécanique à Glasgow... L'Angleterre donne la matrice de ce qui deviendra beaucoup plus tard le modèle asiatique... Sur le continent, en France notamment, l'évolution est plus lente. Le machinisme progresse graduellement, la production restant artisanale plus longtemps. Un siècle plus tard, pourtant, le résultat est le même : la société industrielle a remplacé la société rurale.

La science retrouvée

David Landes analysera la révolution industrielle dans un livre célèbre intitulé *Prométhée libéré*. Prométhée a apporté le feu aux hommes et a été cloué au pilori par Zeus. James Watt le détache, l'énergie créatrice de l'homme est à nouveau libérée. Le rôle, qui semble évident aujourd'hui, joué par la science dans ce processus a longtemps été négligé par les historiens comme facteur explicatif de la révolution industrielle. Il a été en effet habituel de noter que les grandes inventions du XVIIIe siècle, dans la métallurgie, le textile ou l'énergie, ont été le fait de techniciens géniaux, et non pas de savants. Pourtant, quand bien même les artisans talentueux qui vont inventer la machine à vapeur ou la machine à tisser étaient illettrés scientifiquement, ils pouvaient se tourner vers des savants ou leurs écrits quand c'était nécessaire. Comme le montre parfaitement Joel Mokyr, les artisans ont vécu dans un milieu imprégné par le souci de l'expérimentation scientifique[1]. Ainsi, lorsque

1. Joel Mokyr, *The Gifts of Athena. Historical Origins of the Knowledge Economy*, Princeton University Press, 2002.

William Cooke, un anatomiste et un entrepreneur, inspiré par une conférence donnée par un savant allemand, commença à réfléchir au télégraphe, il consulta le grand Faraday, puis le professeur Charles Wheatstone, avec lequel il déposa le brevet du premier télégraphe.

Les machines à vapeur témoignent parfaitement de l'interaction subtile entre innovation de type artisanal et recherche scientifique. Au départ, lorsque Newcomen ou Papin déploient leur ingéniosité, une intuition mécanique et de bonnes méthodes expérimentales sont d'excellents substituts à une science formelle. C'est ce qui permet à James Watt de transformer une invention maladroite en une source universelle d'énergie. La théorie de la machine à vapeur et la manière de la rendre plus efficiente viennent juste après, avec les travaux de Sadi Carnot en 1824, qui montrent que la différence de température est une source d'efficience. L'étape suivante fut franchie par Joule qui établit la conversion entre énergie et chaleur. Les travaux de Joule et ceux de Carnot furent réconciliés par un Allemand, Clausius, l'inventeur de l'entropie. En 1850 naît une nouvelle science, appelée thermodynamique par un Anglais, William Thomson, qui deviendra lord Kelvin. En 1859, le *Manual of Steam Engine* de William Rankine vulgarisait les résultats de la thermodynamique pour les ingénieurs qui en firent bon usage[1].

1. L'électricité illustre aussi la manière dont l'expérimentation de technologies nouvelles et la science fondamentale se répondent. Faraday démontre la possibilité de générer de l'électricité par des moyens mécaniques en 1831. Il faut pourtant attendre les années 1870 pour que la révolution électrique ait lieu. Edison, qui en est l'un des pionniers, n'est pas un scientifique lui-même, mais il employa Francis Upton, docteur en sciences de l'ingénieur, et Herman Claudius, qui avait un doctorat en électricité. Comme dans le cas de la machine à vapeur, la base des

Joel Mokyr le résume parfaitement : si l'on déplace la question sur les causes immédiates de la révolution industrielle pour s'interroger sur les raisons pour lesquelles la croissance ne s'est pas interrompue, disons vers 1850, on se rend compte que la base scientifique devient cruciale. Ce ne sont pas tant les « gadgets » miraculeux des années de grande invention entre 1760 et 1790 qui comptent alors, que la dynamique des progrès scientifiques qui vont suivre, permettant d'éviter les blocages auxquels la croissance aurait fatalement été confrontée.

Il n'est d'ailleurs pas inutile de souligner à cet égard que la science s'est développée en France et en Allemagne davantage qu'en Angleterre. L'Angleterre, siège de la première révolution industrielle, perdra progressivement son ascendant sur le monde industriel. L'une des raisons données par Mokyr est à méditer. L'Angleterre n'a pas su adapter son système de formation. Les élites continueront de fréquenter les collèges chics où l'on apprend l'art des codes sociaux. En France et en Allemagne, les grandes écoles d'ingénieurs, créées pour combler le retard avec l'Angleterre, fourniront les cadres de la seconde révolution industrielle, celle de l'électricité et du moteur à explosion.

connaissances scientifiques ne sera élargie que vingt ans plus tard, lorsque la théorie des électrons sera élaborée. Mais comme pour la thermodynamique, ce sont ces découvertes scientifiques qui ont permis de porter loin les découvertes initiales et d'éviter qu'elles ne s'essoufflent.

Le charbon, le blé et les esclaves

L'Angleterre des XVIIIe et XIXe siècles va connaître une formidable poussée démographique, en parfaite conformité avec la prédiction malthusienne. La population anglaise passe de 7 millions en 1701 à 8,5 millions en 1801 et à 15 millions en 1841. L'explosion démographique obéit à un schéma traditionnel. L'âge au mariage est tout simplement avancé, de trois ans environ au cours de cette période, passant de vingt-six à vingt-trois ans pour les femmes. Il faudra attendre la fin du XIXe siècle pour que soit accomplie la transition démographique anglaise, qui fait passer le nombre d'enfants du niveau élevé observé avant la révolution industrielle aux niveaux « modernes », de deux ou trois enfants par femme. Que s'est-il produit entre-temps ?

À la surprise générale des économistes malthusiens, le doublement de la population ne s'accompagne pas d'une perte de revenu. Le revenu par habitant augmente en fait de près de 10 %, ce qui prouve que le problème alimentaire a été résolu. Comment l'Angleterre est-elle parvenue à nourrir toute cette population ? Les technologies nouvelles tarderont à trouver des applications utiles au secteur agricole[1]. Il fau-

1. Une révolution agricole, importée des Pays-Bas, s'est mise en place au cours du XVIIIe siècle. Elle permet de faire reculer la jachère,

dra en fait attendre le dernier tiers du XIXe siècle pour que les progrès de l'industrie chimique permettent la mise au point d'engrais performants qui accroissent la productivité agricole.

Ce n'est donc pas le meilleur usage de ses terres qui va permettre à l'Angleterre de se nourrir. Comment a-t-elle fait ? La réponse est simple. Elle consistera à exporter des produits industriels, et à importer les produits de la terre. L'Angleterre adopte, comme on l'a dit, le modèle qui sera ensuite celui des nouveaux pays industriels dans les années 1970 et celui de la Chine aujourd'hui : une stratégie de croissance entièrement tirée par les exportations, et singulièrement, dans une première phase, de l'industrie textile, dont les recettes permettront d'importer les produits agricoles manquants[1].

Les exportations de biens industriels représentent ainsi, dès 1830, la moitié de la production industrielle anglaise. Jamais le marché intérieur n'aurait pu offrir de débouchés suffisants à la production nationale, et jamais les terres disponibles en Angleterre n'auraient pu suffire à nourrir les hommes ou à procurer les fibres naturelles dont l'industrie avait besoin. L'Angleterre va ainsi s'appuyer sur le Canada pour le bois ; l'Australie devient son principal fournisseur de laine ; de nouveaux produits sont également importés : le jute en provenance d'Inde, l'huile de palme en provenance de l'Afrique de l'Ouest.

---

profitant d'une rotation inédite des cultures. Cette révolution agricole explique l'engouement des physiocrates pour l'agriculture. Elle donne un répit au XVIIIe siècle, mais ses effets ne sont pas suffisants pour faire face au doublement de la population.

1. En 1815, 60 % de la production de textiles en coton était exporté. Parallèlement, l'industrie progresse de 235 % entre 1780 et 1831, soit deux fois plus vite que le PIB total. Sur tous ces points, voir Ronald Findlay et Kevin O'Rourke, *op. cit.*

L'autre grand réservoir de ressources naturelles dans lequel le pays viendra piocher sera les États-Unis. L'exploitation des terres vierges du Nouveau Monde se heurtera toutefois à un problème : le fait qu'elles soient abondantes signifie aussi qu'elles sont peu peuplées. Le travail y est rare, et donc cher. Qui cultivera ces terres nouvelles ? La réponse est de sinistre mémoire. C'est l'Afrique qui l'a fournie. Un commerce triangulaire se met en place. L'Angleterre vend du textile à l'Afrique, laquelle exporte des esclaves vers l'Amérique, qui exporte du coton vers l'Angleterre. Fogel et Engerman, dans un livre qui allait bouleverser l'historiographie sur le sujet, *Time on the Cross*, publié en 1974, ont montré l'efficacité du système. Selon certaines estimations, les esclaves ont produit les deux tiers des exportations américaines à destination de l'Angleterre, le sucre et le coton étant les principales denrées. Si le manque d'esclaves devait signer le déclin de l'Empire romain, c'est l'abondance de l'esclavage africain qui allait permettre l'essor de l'Empire britannique.

En plus des ressources naturelles importées, l'Angleterre va également profiter d'une ressource domestique inestimable, située dans ses sous-sols : le charbon. Celui-ci offre une alternative inespérée aux ressources énergétiques traditionnelles qui, toutes, dépendaient directement ou indirectement des terres disponibles, qu'il s'agisse des terres agricoles pour nourrir les hommes et les bêtes, ou forestières pour les énergies liées au bois. L'Angleterre, qui était en train de manquer de forêts, eut ainsi la chance de pouvoir disposer de charbon en abondance. Le charbon deviendra la source principale d'énergie pour la filière textile. Mais il sera aussi le carburant des nouveaux moyens de communication, le chemin de fer et surtout le bateau à vapeur, qui reliera commodément les deux rives de l'Atlantique, rapprochant ainsi l'Angleterre de ses marchés et de ses fournisseurs.

La boucle est bouclée. Le miracle « prométhéen » aurait tourné court sans les réserves en charbon du sous-sol anglais, les terres américaines et les esclaves africains. La loi de Malthus est vaincue, mais sans gloire.

V.

La croissance perpétuelle

Smith, Marx et les humanoïdes

Vers le milieu du XVIIIe siècle, les économistes vont penser la possibilité d'une économie entièrement régie par le fonctionnement des marchés, avant même que cela ne devienne véritablement le cas[1]. L'auteur central, celui qui fixe les termes dans lesquels ils pensent aujourd'hui encore l'économie de marché, est Adam Smith, dont les théories sont exposées dans son livre célèbre *Recherches sur la nature et les causes de la richesse des nations*, publié en 1776.

Smith veut montrer que, grâce au marché, chacun peut se spécialiser dans une tâche, médecin ou avocat, boulanger ou cordonnier, sans avoir à s'inquiéter de manquer des marchandises qu'on ne fabriquerait pas soi-même. Cette coopération silencieuse, cette « main invisible » qui lie entre eux les participants à l'échange, s'appuie sur un facteur simple : chacun y trouve son intérêt. C'est cette idée qui inspire à Adam Smith la phrase célèbre : « Ce n'est pas de la bienveillance du boulanger que nous attendons notre dîner, mais bien du soin qu'il apporte à son intérêt. »

1. Pierre Rosanvallon analyse cette antériorité dans *Le Capitalisme utopique*, Paris, Le Seuil, 1989.

Smith est ici philosophe autant qu'économiste. Le mot « intérêt » ne revêt pas encore, à l'époque où il l'utilise, la signification neutre qu'il a acquise depuis pour caractériser le calcul économique. Comme le montre brillamment Albert Hirschman, lui-même également économiste et philosophe, dans son livre *Les Passions et les intérêts*, c'est un terme qui a longtemps été synonyme de cupidité, figurant en bonne place dans *L'Enfer* de Dante au côté de l'orgueil et l'envie[1]. Adam Smith, dans un ouvrage publié avant *La Richesse des nations* et intitulé *Théorie des sentiments moraux,* montre qu'il n'a aucune illusion sur la portée de ce terme. « Quel est l'objet de tout ce labeur et de tout ce remue-ménage qui se font ici-bas ? Quel est le but de l'avarice, de l'ambition, de la poursuite des richesses, du pouvoir, des destructions ? D'où naît cette ambition de s'élever qui tourmente toutes les classes de la société et quels sont donc les avantages que nous attendons de cette fin assignée à l'homme et que nous appelons l'amélioration de notre condition ? » La réponse proposée par Smith est ce que, suivant Hegel, on appellerait le désir du désir de l'autre. « Nous n'espérons d'autres avantages que d'être remarqués et considérés, rien que d'être regardés et considérés, rien que d'être regardés avec attention, avec sympathie et approbation. Il y va de notre vanité, non de nos aises ou de notre plaisir. »

Ce qui distingue la cupidité des autres passions tient toutefois en une différence essentielle. Bien dirigée, elle peut contribuer au bien public, alors que les autres passions sont destructrices. L'auteur qui inspire Smith est Bernard Mandeville, qui a publié en 1705 une *Fable des abeilles*, dont le

1. « Orgueil, envie et cupidité sont les trois étincelles qui enflamment le cœur de l'homme », Dante, *L'Enfer*, VI, v. 74-75.

sous-titre est éloquent : *vices privés, vertus publiques*. La conclusion de la *Fable* a valeur de programme : « Le vice est aussi nécessaire dans un État florissant que la faim est nécessaire pour nous obliger à manger. Il est impossible que la vertu, seule, rende jamais une nation célèbre et glorieuse. » En montrant que l'ambition, la vanité et le besoin de considération peuvent être assouvis par l'amélioration des conditions matérielles, Smith peut énoncer sa théorie de « la main invisible », selon laquelle « sans aucune intervention de la loi, les intérêts privés et les passions des hommes les amènent à diviser et à répartir le capital [...] dans la proportion qui approche le plus possible de celle que demande l'intérêt général ».

Il n'est plus utile, dès lors, de s'interroger sur les mobiles moraux qui conduisent les hommes à vouloir s'enrichir, il suffit de se concentrer sur leurs conséquences. Le marché n'a nullement besoin de savoir où sont le bien et le mal, il se contente de mesurer l'effort que chacun est disposé à fournir pour s'enrichir. Tel est le véritable message d'Adam Smith. Dans un exemple célèbre, il explique que dans une société de chasseurs, le prix d'un castor se compare à celui du daim en faisant le ratio du temps nécessaire pour tuer l'un et l'autre. S'il faut deux fois plus de temps pour tuer un daim, son prix sera nécessairement deux fois supérieur à celui du castor. S'il valait moins, les chasseurs cesseraient immédiatement de poursuivre les daims. Le même raisonnement s'appliquerait aux castors dans le cas inverse. Nul besoin de connaître les motivations de l'une ou l'autre de ces catégories de chasseurs pour parvenir à ce résultat.

Dans une forme plus élaborée, le marché fait toutefois davantage. Grâce à la division du travail qu'il encourage, il permet de rendre les travailleurs plus productifs. Dans l'exemple fameux de la fabrique d'épingles (tiré d'une visite en Normandie qu'il a réalisée comme précepteur d'un jeune aristocrate), Adam Smith remarque que dix ouvriers réussissent à produire 48 000 épingles chaque jour alors que un ouvrier, laissé à lui-même, parviendrait tout au plus à en produire 200. En centralisant la production d'épingles, on multiplie par 20 ou 30 la productivité de chaque ouvrier.

Ce qui limite ce processus, explique Smith, c'est la taille du marché. S'il est excellent de parcelliser les tâches, encore faut-il trouver à qui vendre les 48 000 épingles produites. Si la demande n'est que de 200 épingles par jour, il faudra bien se résoudre à n'employer qu'un seul ouvrier, même si c'est au prix d'une productivité moindre. Toutefois, au fur et à mesure que la richesse augmente, on peut concevoir qu'un processus endogène d'augmentation de la productivité se mette en œuvre. Plus la société s'enrichit, plus la division du travail s'accroît, plus la productivité augmente, et plus la croissance devient forte. Un enrichissement *indéfini* devient possible.

Adam Smith lui-même n'alla pas aussi loin : l'exemple de la fabrique d'épingles l'amène à souhaiter que la sphère du marché soit aussi large que possible. Il en appelle donc à la liquidation des activités non marchandes (les activités domestiques) et forme le vœu que le plus grand nombre possible d'entre elles transite par le marché. Et comme dirait la réclame : tout le monde y gagnera, ceux qui vendent et ceux qui achètent.

Le Capital

Écoutons à présent l'autre point de vue. « Mon petit garçon que voici, dit une femme dont Marx rapporte le témoignage, j'avais coutume de le porter sur mon dos, lorsqu'il avait sept ans, aller et retour de la fabrique, à cause de la neige, et il travaillait ordinairement seize heures ! Bien souvent je me suis agenouillée pour le faire manger pendant qu'il était à la machine, parce qu'il ne devait ni l'abandonner, ni interrompre son travail[1]. » Marx, qui publie son œuvre maîtresse, *Le Capital*, un siècle après Adam Smith, a sous les yeux l'immense transformation de la société anglaise induite par le capitalisme. Le marché n'est pas à ses yeux un facteur d'enrichissement universel mais d'exploitation des uns par les autres. Il ne pacifie pas la société, il arme une guerre intérieure, la lutte des classes.

Marx fait entrer la condition ouvrière dans les livres d'économie. Le travail industriel n'est plus un principe abstrait, « une idée pour le futur ». Il est devenu une réalité misérable. Pour saisir la manière dont le capital exploite le travail, Marx introduit une opposition fondamentale entre le travail tout court et « la force de travail ». Supposons qu'un chasseur de castor mette dix heures à tuer la bête : le prix de celle-ci sera bien, comme le dit Smith, l'équivalent monétaire de dix heures de travail. Le *hic* est que rien ne garantit que le chasseur soit lui-même payé cette somme. S'il est embauché par un capitaliste, combien celui-ci devra-t-il le payer ? Le prix de marché du chasseur correspond *a minima* au coût nécessaire pour le nourrir, l'habiller, le loger, bref lui permettre de travailler : c'est le prix de sa « force de travail ». Doit-il le payer davantage ? Non s'il existe un nombre suffisant de travailleurs prêts à accepter la tâche, pour éviter de mourir de faim. Dans ce cas, il suffit de payer le tarif minimum. Disons qu'il faut l'équivalent de quatre heures de travail pour nourrir un ouvrier et que celui-ci peut travailler dix heures : la différence correspond à la « plus-value » que le patron peut empocher. Cette plus-

1. Karl Marx, *Le Capital*, Paris, GF-Flammarion, 1985.

value, ce sur-travail, est la source du profit. À l'image du dieu généreux des penseurs physiocrates, la nature permet aux capitalistes de s'enrichir en utilisant cette capacité unique des hommes : de travailler plus qu'il n'en coûte pour leur permettre de vivre.

Marx est dès lors convaincu que le capitalisme ne peut générer de profits qu'à condition de maintenir le prolétariat dans la misère. « Quel que soit le taux des salaires, conclura-t-il, la condition du travailleur doit empirer, à mesure que le capital s'accumule. [La bourgeoisie] est incapable d'assurer l'existence de son esclave même au sein de son esclavage[1]. » Malthus faisait de la pression démographique la raison principale de cet équilibre sinistre. Marx importe la théorie malthusienne dans le monde industriel, à travers une idée nouvelle : celle de l'armée de réserve industrielle. Pour imposer des salaires bas, sources de plus-value, le capitalisme a besoin de maintenir une masse de prolétaires sans emplois, qui obligent ceux qui en ont un à accepter un salaire de subsistance. En lieu et place de la pression démographique, le capitalisme substitue une misère construite par lui-même, aux fins de son bon fonctionnement.

Les humanoïdes

Marx pense, comme Aristote et David Ricardo, que les machines rivalisent avec les ouvriers. À ses yeux, les machines nouvelles réduisent la demande de travail, ce qui permet d'accroître l'armée de réserve et condamne le prolétariat à une misère éternelle. Le paradoxe qu'il est difficile de saisir est pourtant qu'une machine permet de ren-

1. Marx et Engels, *Le Manifeste communiste*, Paris, GF-Flammarion, 1998.

dre plus productif le travail de celui qui l'actionne, rendant ainsi possible la hausse du salaire ouvrier. Tel est le fondement de ce qu'on appellera la théorie néoclassique, qui adaptera les théories de Smith et Ricardo aux nouvelles réalités du monde industriel[1]. Selon celle-ci, l'homme et la machine sont complémentaires, comme l'homme et la terre pouvaient l'être aux temps préindustriels. Le profit n'est pas, selon cette théorie, du vol : il mesure la contribution des machines à la productivité du travail[2].

La différence majeure entre la terre et le capital est toutefois la suivante. Lorsque la population ouvrière augmente, on peut accroître également le nombre de machines, alors qu'il était difficile (impossible parfois) d'accroître le nombre de terres cultivées. La démographie, dans une société industrielle, n'est donc plus un problème. Le revenu par tête peut rester stable, malgré une hausse de la population. L'industrie déjoue la loi des rendements décroissants. L'échelle de la production n'a pas d'incidence sur son efficacité : si on double le nombre d'ouvriers et qu'on double aussi le nombre de machines, on peut doubler sans crainte la production. Au contraire de l'agriculture, l'industrie obéit à une *loi de rendements constants.*

Reste toutefois à expliquer l'essentiel : comment est-il possible que le revenu par habitant soit non pas seulement stable, mais en croissance indéfinie ? Augmenter le nombre de machines ne peut être la solution : on n'a qu'une tête, deux bras... Vient un moment où la multiplication des

1. L'Anglais Alfred Marshall et le Français Léon Walras seront parmi les fondateurs de la théorie néoclassique.

2. L'armée de réserve industrielle n'est donc pas nécessaire pour comprendre l'origine des profits. La possibilité du plein emploi n'implique pas néanmoins sa nécessité. Il faudra attendre l'œuvre de Keynes, que nous examinerons au chapitre VII, pour en comprendre la logique.

machines commandées par un ouvrier devient inutile. On doit à Robert Solow d'avoir proposé une théorie simple et puissante qui rend compte du chaînon manquant[1]. Aux deux facteurs de production, le capital et le travail, Solow ajoute un troisième facteur de production : ce qu'il appellera le « progrès technique ». John Kay ne met pas deux anciennes machines dans les mains du tisserand, mais une machine entièrement nouvelle qui lui permet d'actionner plusieurs broches. En appuyant sur un seul bouton d'ordinateur, on peut aujourd'hui réaliser une cascade de tâches, qui auraient dû être faites par plusieurs personnes auparavant : dicter, taper, envoyer une lettre par exemple.

Le progrès technique permet au même ouvrier d'avoir « plusieurs paires de bras ». Il opère comme un multiplicateur du nombre d'heures travaillées. Grâce aux technologies nouvelles, quatre heures de travail au XIXe siècle se font en une heure au XXe. Sous le travail apparent d'une seule personne, plusieurs « humanoïdes » travaillent silencieusement pour le compte des humains. Le revenu par tête peut dès lors croître au même rythme que le progrès technique, qui mesure la démographie des humanoïdes.

Tout semble clair, sauf la question devenue essentielle : d'où vient le progrès technique lui-même ?...

---

1. Robert Solow, « A Contribution to the Theory of Economic Growth », *The Quarterly Journal of Economics*, 1956.

Mozart et Schumpeter

Pour saisir la portée du monde ouvert par la révolution industrielle et le comparer à celui qui précédait, l'économiste Michael Kremer a proposé une théorie ambitieuse, qui permet de faire le lien entre la théorie malthusienne de l'ère préindustrielle et la théorie de la croissance moderne[1]. Kremer suppose que la production d'idées, antérieurement à l'ère industrielle, résulte d'une loi simple, qu'on peut appeler le principe de Mozart : chacun d'entre nous a une chance égale d'avoir une idée géniale, d'être un Mozart en puissance. Cette hypothèse raisonnable met en œuvre un processus extrêmement puissant. Plus il y a d'humains en effet, plus ils ont d'idées, plus ces idées permettent d'inventer des techniques nouvelles. Celles-ci repoussent les limites économiques et donc démographiques des sociétés où elles se développent. De nouveaux humains peuvent donc naître, leurs idées fleurir, le processus continuant à l'infini...

Un mécanisme autocatalytique est ainsi à l'œuvre, qui explique pourquoi la population humaine a crû si rapidement. On comptait 10 millions d'humains au néolithique, il

1. Michael Kremer, « Population Growth and Technological Change : One Million B.C. to 1990 », *The Quarterly Journal of Economics*, 1993.

y en a 200 millions à l'âge du Christ et 1 milliard au début de l'âge industriel, en 1800. Chaque humain tend, en moyenne, à apporter une solution au problème posé par sa propre existence…

Peut-on comprendre dans les mêmes termes les sources du progrès technique, dans le nouveau monde industriel qui s'ouvre à la fin du XVIIIe siècle ? Pas tout à fait. Dans le cadre de la croissance moderne, un phénomène autocatalytique est également à l'œuvre. Mais c'est la taille des marchés, et non la croissance démographique, qui en explique la dynamique. Adam Smith notait déjà dans l'exemple de la fabrique d'épingles que l'accroissement de la sphère du marché permet de réaliser des économies d'échelle qui rendent les travailleurs productifs. Les théoriciens de la croissance endogène, Paul Romer et Robert Lucas notamment, vont reprendre cette intuition[1]. L'idée essentielle est celle de *rendements d'échelle croissants.* Plus les marchés se développent, plus il devient intéressant d'innover. L'inventeur peut en effet récupérer sa mise d'autant plus facilement qu'il touchera un nombre important de consommateurs. Ce n'est plus la population qui commande la croissance, c'est la richesse elle-même qui s'auto-alimente.

Dans les deux siècles qui ont suivi la publication de *La Richesse des nations,* les économistes se sont pourtant détournés de l'idée de rendements d'échelle croissants. La raison de ce choix est inscrite dans l'œuvre d'Adam Smith lui-

1. Les principaux textes de Paul Romer sont « Crazy Explanations for the Productivity Slowdown », *NBER Macroeconomic Annuals,* 1987 ; « Capital Accumulation in the Theory of Long Run Growth », in *Modern Business Cycles Theory,* Robert Barro éd., Harvard University Press, 1991 ; « Increasing Returns and Long Run Growth », *Journal of Political Economy,* 1986. L'autre article fondateur est dû à Robert Lucas, « On the Mechanics of Economic Development », *Journal of Monetary Economics,* juillet 1988.

même. En même temps qu'il souligne les effets bénéfiques de la division du travail, Smith veut également démontrer que la *concurrence* entre les producteurs permet d'accomplir un équilibre tout à la fois juste et efficace, celui du marché. C'est la thèse de la main invisible.

Or les économistes vont vite se rendre compte que les deux propositions de Smith sur les bienfaits des rendements d'échelle croissants d'un côté et ceux de la concurrence de l'autre sont contradictoires. Comme le montre l'exemple de la fabrique d'épingles, le gros propriétaire a un avantage sur le petit. Profitant des économies d'échelle que lui permet la division des tâches au sein de son entreprise, il peut vendre moins cher et faire disparaître les firmes de moindre taille. Ainsi que Marx en avait également eu l'intuition, ce raisonnement conduit à prévoir une concentration de plus en plus poussée de la production, laquelle contredira fatalement, tôt ou tard, la concurrence pure et parfaite. Le principe des rendements d'échelle croissants, poussé à son terme, est ainsi contradictoire avec les lois de la concurrence. Il débouche sur une théorie des monopoles.

La difficulté se résout pourtant si l'on parvient à penser ce qui paraît être une contradiction dans les termes : « la concurrence monopoliste ». Esquissée avant guerre, mais masquée par l'essor de la théorie keynésienne, elle doit son renouveau à des approches inspirées par l'économiste d'origine autrichienne, puis professeur à Harvard, Joseph Schumpeter[1]. La

---

1. Joseph Schumpeter, *Capitalisme, Socialisme et Démocratie,* 1942, rééd. Payot, 1984. Le renouvellement des théories de la croissance schumpétériennes doit beaucoup aux travaux de Philippe Aghion et Peter Howitt présentés dans leur livre *Endogenous Growth,* MIT Press, 1997, et à Gene Grossman et Elhanan Helpman dans *Innovation and Growth in the Global Economy,* MIT Press, 1995. L'article de P. Aghion, N. Bloom, R. Blundell, R. Griffith et P. Howitt, « Competition and Innovation : An Inverted-U

clé de son raisonnement peut se résumer ainsi. Les monopoles sont éphémères. Dès qu'une firme a atteint un pouvoir de monopole sur un produit, d'autres firmes essaieront de le lui ravir en inventant des produits qui rendront obsolètes ceux qui étaient dans les mains du premier monopole.

Selon cette vision schumpétérienne, aujourd'hui dominante chez les économistes, le capitalisme échappe aux catégories d'Adam Smith et de Karl Marx. Contrairement à la vision du premier, il ne signe pas la solidarité de fait du cordonnier et du boulanger, chacun offrant à l'autre ce dont il a besoin. Il met en œuvre une rivalité sourde entre les boulangers qui utilisent les techniques modernes et ceux qui tardent à le faire. Mais contrairement à la vision du second, il ne signe pas la paupérisation de la classe ouvrière. Car le progrès technique rend l'ouvrier plus productif, et lui permet, *in fine*, d'être mieux payé.

Le progrès technique n'est pas, cependant, le complice amical du travailleur. Celui-ci n'est plus l'esclave d'un maître, comme aux temps antiques, mais il ne devient pas pour autant le maître de braves humanoïdes travaillant gratuitement pour lui, comme suggéré par Solow. L'ouvrier du monde moderne est l'esclave d'une incertitude nouvelle qui pèse sur son destin. Le progrès technique est à la fois création et destruction, et la frontière est vite franchie qui fait passer de l'une à l'autre. Tout va bien aussi longtemps que la croissance est assez forte pour panser les plaies qu'elle ouvre constamment dans le corps social. Qu'elle ralentisse ou, pis, qu'elle devienne négative sous le coup d'une dépression majeure, et l'équilibre peut voler en éclats.

Relationship », *The Quarterly Journal of Economics,* vol. 120 (2), p. 701-728, modère l'enthousiasme schumpétérien pour les monopoles en montrant qu'un écart trop fort entre le leader et ses imitateurs peut décourager l'innovation, faute de combattants.

DEUXIÈME PARTIE

PROSPÉRITÉ ET DÉPRESSION

VI.

Les conséquences économiques de la guerre

Les conséquences économiques de la paix

Dans un livre intitulé *Les Conséquences économiques de la paix*, publié en 1919, un jeune économiste anglais, John Maynard Keynes, promène le lecteur dans un Paris morbide, écrasé sous le poids de quatre millions de morts. L'Europe est à nu, quatre empires sont tombés, le centre du monde se déplace vers les États-Unis. Dans ce décor de poussière et de sang, un vieil homme « se sent porté par le destin d'un Périclès qui aurait appris à l'école de Bismarck. Il a une illusion, la France ; une désillusion, l'humanité (qui incluait les Français et ses propres collègues) ». Figure emblématique du passé, Clemenceau, c'est de lui qu'il s'agit, fait du traité de Versailles, ratifiant la défaite allemande, non pas la fin des guerres du XIXe siècle, mais le début de celles du XXe.

Clemenceau veut casser, une fois pour toutes, le dynamisme allemand. Il veut s'assurer que ne réapparaîtra jamais l'écart que l'Allemagne a creusé avec la France. Entre la création du Reich en 1871 et le début de la Première Guerre mondiale, la production industrielle allemande a été multipliée par cinq. Son dynamisme économique est sur tous les fronts. Le pays talonne l'Angleterre pour le commerce mondial. Sa position est particulièrement forte dans les industries modernes en pleine expansion, la chimie, les machines, l'industrie électrique. L'agriculture allemande connaît également une conjoncture favorable. Elle est pionnière dans la modernisation agricole avec l'utilisation d'engrais, la mécanisation et la pratique d'assolements sophistiqués[1]

Les Allemands observent avec ironie l'effondrement démographique de la France. En 1870, les deux nations avaient une richesse à peu près comparable ; en 1914, l'Allemagne l'emportait de plus de 70 %. L'ambition allemande se nourrira de cette supériorité économique nouvelle. Henrich Winkler, le grand historien allemand, résumera la situation ainsi : « L'Allemagne s'apprêtait à distancer économiquement l'Angleterre, la patrie de la révolution industrielle et de l'impérialisme. Le Reich comptait parmi les puissances scientifiques qui faisaient autorité dans le monde entier, peut-être est-il même le premier d'entre elles. Mais tout cela ne suffisait pas à la droite allemande. Grande puissance de longue date, l'Allemagne devait à présent devenir *la* puissance mondiale dirigeante[2]. »

Telles sont la nation et l'ambition que Clemenceau veut briser. Et il obtient pour ce faire que les dispositions suivantes soient inscrites au traité de Versailles. L'Allemagne doit céder la quasi-totalité de sa marine marchande. Elle doit confier aux Alliés l'administration de ses fleuves, l'Oder, le Rhin, le Danube. Elle doit abandonner ses droits et créances sur ses possessions d'outre-mer, les Alliés se gardant le droit d'exproprier toute nouvelle créance acquise à l'extérieur par des résidents allemands à titre de réparation des dommages de guerre... Le traité de Versailles stipule également que la nation vaincue doit céder à la France tous les droits afférents à l'exportation des bassins miniers de la

1. Sur tous ces points, voir Christian Baechler, *La République de Weimar*, Fayard, 2007, et Heinrich Winkler, *Histoire de l'Allemagne XIXe-XXe siècle. Le long chemin vers l'Occident*, 2000, trad. française, Paris, Fayard, 2005.
2. Heinrich Winkler, *op. cit.*

Sarre ; que la haute Silésie, après plébiscite, doit être rendue à la Pologne ; que l'Allemagne doit dédommager la France de tout manque à gagner de ses bassins miniers par rapport à leur rentabilité d'avant-guerre. Et qu'elle doit céder chaque année 25 millions de tonnes de charbon aux Alliés pendant dix ans ! Elle doit aussi leur accorder la clause de la nation la plus favorisée.

Ayant rempli ces dispositions, l'Allemagne devra payer l'équivalent de un milliard de livres sterling avant le 1er mai 1921 (les Alliés s'autorisant à obtenir toute contrepartie qu'ils jugeraient nécessaire). À ce premier milliard s'en ajouteront quatre autres, lesquels pourront être complétés enfin par toute somme qui sera jugée nécessaire pour dédommager les populations civiles des pertes subies pendant la guerre. Le traité de Versailles ne définit ainsi ni une somme globale ni une durée des réparations. À titre de comparaison, Keynes estime que l'indemnité payée par la France à Bismarck aurait correspondu à 500 millions de livres !

La démesure même de ce traité le rendra en pratique totalement inapplicable. Malgré l'invasion de la Ruhr, en 1923, par la France et la Belgique, pour obtenir leur dû, le montant versé par l'Allemagne restera insignifiant. Mais la blessure des Allemands face à ce traité ahurissant sera profonde, d'autant qu'ils nourrissent en fait, même après l'armistice du 11 novembre 1918, l'espoir d'une « paix du droit ». Persuadés qu'il n'y a pas d'antagonisme fondamental entre l'Allemagne et les États-Unis, ils mettent tous leurs espoirs sur la médiation du président Wilson pour obtenir une paix modérée. Le retrait de ce dernier face aux exigences françaises permettra d'entretenir longtemps l'idée d'un « coup de poignard dans le dos », qui alimentera le ressentiment dont se nourrira le nazisme, après la crise de 1929.

La République se meurt

La République de Weimar naît en novembre 1918. Weimar, où se tient l'Assemblée constituante, est la ville de Goethe et de Schiller. Elle est choisie en partie pour cette raison, mais aussi à cause de l'insécurité qui règne à Berlin. À suivre son destin tragique, on ne peut s'empêcher de penser aux nombreux parallèles que son histoire trace avec les pays ravagés par la guerre, et qui peinent à trouver le chemin de la démocratie lorsque la paix est revenue.

Les fondateurs du régime ont voulu créer le système le plus démocratique possible, en donnant l'application la plus large au suffrage universel, avec l'élection du Reichstag et du président de la République, mais aussi avec la procédure du référendum d'initiative populaire qui permet, à tout moment, de remettre en cause le pouvoir des gouvernants. Les constituants ont, de plus, adopté un mode de scrutin, la proportionnelle intégrale, qui sacrifie le souci de l'efficacité politique à l'exigence démocratique.

Avec le recul, il est facile d'expliquer l'échec de la République de Weimar par les conditions de sa naissance. Marqué par la sanction de la défaite, le régime peinera à établir sa légitimité. À droite, les milieux nationalistes le dénonceront comme non allemand, né de la défaite. À gauche les affrontements sanglants de 1919-1920, au cours desquels les deux dirigeants révolutionnaires Karl Liebknecht et Rosa Luxemburg seront assassinés, laisseront des traces indélébiles.

Christian Baechler l'indique pourtant avec force : « Si les conditions de naissance et de développement de la démocratie de Weimar étaient difficiles, la démocratie n'était pas condamnée à l'origine. Même en janvier 1933, l'accession de Hitler au pouvoir n'était pas inévitable et d'autres alternatives s'offraient en Allemagne[1]. »

Une société divisée

L'après-guerre a ravivé les blessures que les années de forte croissance avaient ouvertes, avant la guerre. Entre 1870 et 1913, l'urbanisation de l'Allemagne a été massive et brutale[2]. « La grande ville avec son agitation et son individualisme suscite la nostalgie d'un retour à la nature et à la vie saine et simple de la campagne, et même une inquiétude sur une décadence de la moralisation. La diversification de la société et la grande ville offrent des possibilités d'ascension mais augmentent aussi les risques de déclin social et le sentiment d'insécurité. Beaucoup se tournent vers l'État comme protecteur et recours[3]. »

La société allemande, malgré une mobilité géographique et sociale nouvelle, reste fragmentée, rigide et plus marquée par les différences de statuts que les autres sociétés occidentales. À côté des distinctions de classes (bourgeoisie

1. Christian Baechler, *op. cit.*
2. En 1910, 60 % des Allemands vivent dans les communes de plus de 2 000 habitants contre 36,1 % en 1871 et 21,3 % dans des villes de plus de 100 000 habitants, contre 4,8 % en 1871.
3. Christian Baechler, *op. cit.*

ouvriers, employés, artisans) persistent des critères prémodernes de l'ordre féodal. La noblesse garde une position privilégiée, comme dans les autres pays d'Europe occidentale à la veille de la guerre. Mais en Allemagne, elle a un rôle politique et social bien plus important. Les grands propriétaires terriens de l'est de l'Elbe, les Junkers, jouissent de privilèges strictement féodaux sur leurs domaines, avec un droit de police et un droit de patronage à l'église et à l'école. La noblesse reste étroitement liée à la monarchie militaire et à la bureaucratie, et tient ainsi une place stratégique dans le système du pouvoir. Tous les chanceliers allemands jusqu'à la guerre sont nobles, tout comme la majorité des secrétaires d'État de l'Empire et des ministres de Prusse et de Saxe[1].

L'État bureaucratique et militaire prussien imprègne profondément la société. En Allemagne, l'État est « une fin en soi et l'incarnation de la Raison » selon la philosophie de Hegel ou la sociologie de Max Weber. La bureaucratie est supposée représenter « le bien commun face au chaos des intérêts contradictoires du marché », toutes choses qui ne sont pas des éléments favorables à l'instauration d'un régime parlementaire.

Une fracture confessionnelle traverse également la société. Un tiers de la population est catholique, servant de base politique au parti du centre, le Zentrum. Les Églises protestantes sont très liées à l'État, mais à la veille de la guerre, le protestantisme allemand est plus une morale, faite de rigueur, qu'un culte. L'affaiblissement des liens religieux

1. De nombreux historiens et sociologues ont souligné ce décalage entre le système de valeurs traditionnel de la société prussienne et les développements de la société moderne comme une cause possible de la montée du totalitarisme. Voir Ian Kershaw, *Qu'est-ce que le nazisme ?*, Paris, Gallimard, coll. « Folio », 1997.

pousse à rechercher une théologie de substitution, une foi politique.

Malgré leur nombre dérisoire (0,6 % de la population), la participation des juifs à la révolution et leur émancipation politique les associeront à la défaite. Hitler sera profondément marqué par la thèse de leur responsabilité. Les juifs seront (contradictoirement) accusés de favoriser à la fois le capitalisme et la révolution, de vouloir « dominer la planète par les deux formes de matérialisme que sont le capitalisme et le bolchevisme ».

Malgré ses réussites d'avant-guerre, l'Allemagne donne une version pathologique du modèle européen de l'État-nation. Le mythe de l'Empire romain (germanique) y a vécu plus longtemps qu'en aucun autre pays. Le schisme religieux y a laissé des traces profondes. La dualité entre les deux grandes puissances, l'Allemagne et l'Autriche, n'a pas été résolue, l'effondrement de l'Empire austro-hongrois après la guerre ravivant la question de l'unité nationale. L'adoption d'un régime parlementaire véritable, enfin, ne fut obtenue qu'à la suite de la défaite de 1918, ce qui le rendit vite fragile.

Vie et mort de la République de Weimar

En dépit des difficultés de l'armistice, la reprise économique a pourtant lieu. La croissance reprend[1]. L'Allemagne achève sa reconstruction industrielle en 1922, tandis que le taux de chômage baisse à 1,5 %. Tout bascule pourtant une première fois, le 11 janvier 1923, lorsque les troupes franco-

1. L'indice de production industrielle (base 100 en 1928) est de 98 en 1913, il tombe à 37 en 1919, mais se retrouve à 70 en 1922.

belges décident d'occuper la Ruhr pour forcer les Allemands à payer leurs dettes de guerre. Le gouvernement appelle à la résistance passive, finançant les fonctionnaires à crédit. L'usage de la planche à billets pour financer les déficits publics déclenche l'hyper-inflation. L'indice des prix est multiplié par un milliard en six mois ! Elle ruinera les rentiers. Les salariés du secteur privé sont touchés par l'accroissement du chômage et par le retard de l'augmentation des salaires par rapport à l'inflation. Si les artisans, commerçants et entrepreneurs s'en sortent relativement bien, les fonctionnaires sont les premières victimes de l'ajustement budgétaire. Les hauts fonctionnaires et la bourgeoisie intellectuelle pâtissent également du nivellement des salaires dans la haute fonction publique.

En novembre 1923, après le retrait français, s'ouvre à nouveau l'espoir d'une stabilisation. Introduite parallèlement au mark, une nouvelle monnaie, le Rentenmark, est créée le 16 novembre 1923. Garantie par des obligations or, elles-mêmes gagées par une hypothèque sur le capital industriel et agricole de l'Allemagne, elle inspire confiance. La stabilité des prix sera rapidement recouvrée. En avril 1924, un nouvel accord concernant les réparations est élaboré, le plan Dawes. Il offre à l'Allemagne la stabilité et un caractère prévisible aux paiements. Durant les deux premières années, le budget n'est pas sollicité, ce qui accorde au pays le moratoire souhaité depuis longtemps.

La période 1924-1929 marque l'âge d'or de la République. La stabilisation monétaire restaure la confiance des investisseurs et permet l'afflux de capitaux étrangers, surtout anglo-saxons, pour financer la relance de l'économie[1].

1. L'expiration, le 10 janvier 1925, de la clause de la nation la plus favorisée octroyée sans réciprocité aux Alliés par le traité de Versailles contribue aussi au regain de confiance.

En 1928, les salaires sont supérieurs de 20 % au niveau de 1913. La société respire. De grands artistes produisent une œuvre inoubliable : Brecht, le Bauhaus... La République est sauvée.

Mais la crise de 1929 va tout remettre en cause. L'Allemagne sera le pays industriel le plus précocement touché par la crise économique et le plus durement frappé, avec les États-Unis. Le taux de chômage atteindra, comme en Amérique, 25 % de la population[1].

Dès 1930, on assiste à l'essor des partis extrémistes, le KPD (le parti communiste) et le NSDAP (Nationalsozialistische Deutsche Arbeiter Partei, le parti national-socialiste). Le parti social-démocrate, le SPD, qui aura été le principal parti politique durant la République de Weimar, sera dépassé électoralement par le parti nazi en 1932. Le SPD est le parti fondateur du régime de Weimar, celui qui a pesé de tout son poids pour éviter une dérive révolutionnaire à la bolchevique au lendemain de la guerre, catalysant sur lui la haine de l'extrême gauche pour avoir liquidé les Spartakistes, le mouvement de Karl Liebknecht et Rosa Luxemburg, et de l'extrême droite pour avoir signé l'armistice. L'extrême droite elle-même n'a pas de poids électoral avant la poussée du parti nazi. Celui-ci passe de 2,6 % des suffrages en mai 1928 à 18,3 % en septembre 1930 jusqu'à atteindre 37,3 % en juillet 1932. Le parti communiste passe de son côté de 10,6 % des suffrages en 1928, à 13,2 % en 1930 et 16,9 % en novembre 1932.

Ce sont les classes moyennes protestantes, déçues par le libéralisme et le conservatisme, qui votent pour le parti nazi, et notamment les fonctionnaires et les rentiers-pen-

1. L'indice la production industrielle passe de 100 en 1929 à 58 en 1932 et 66 en 1933.

sionnés[1]. L'université devient un foyer de la réaction antilibérale, reflet de la dégradation du statut des élites traditionnelles. Les ouvriers de la grande entreprise résistent quant à eux à l'influence du nazisme. Contrairement à ce qu'on a souvent affirmé, les chômeurs contribuent peu à l'essor des nazis. Il y a même une corrélation négative entre chômeurs et vote nazi – à l'inverse de celui qu'on observe pour le parti communiste. La corrélation entre l'endettement des classes moyennes anciennes et des paysans et le vote nazi est, en revanche, très nette.

Le délitement de la société allemande sous le coup de la crise de 1929 conduira Hitler à la chancellerie en janvier 1933. Rien n'était pourtant écrit. Hitler est appelé au pouvoir alors que la conjoncture s'améliorait lentement, que la progression du parti nazi s'essoufflait. Comme le résume Heinrich Winkler, « il aurait suffi que le cercle dirigeant qui entourait Hindenburg en eût la volonté, pour empêcher que l'État ne fût livré à Hitler ». On tremble devant cette conclusion simple : la nomination d'Hitler n'avait rien d'inéluctable.

---

1. En juillet 1932, seul un électeur catholique sur sept vote pour lui, alors que près de 40 % des non-catholiques lui apportent leurs voix. La résistance catholique s'affaiblit en mars 1932, mais l'affinité des non-catholiques pour le parti nazi reste deux fois supérieure (par tête). Un peu moins décisive est l'opposition entre villes et campagnes dans lesquelles le parti national-socialiste recrute davantage. En juillet 1932, 34 % des électeurs votent NSDAP dans les petites communes, ils ne sont que 28 % dans les grandes communes.

VII.

La grande crise et ses leçons

1929

La crise de 1929 est le point le plus noir jamais atteint, à ce jour, par le capitalisme mondial. Partie de Wall Street, la crise gagne l'Europe, puis la planète. Aujourd'hui encore, la hantise de 1929 continue d'habiter les dirigeants du monde entier. Lors de la crise des subprimes en 2007, le président de la Banque centrale américaine, Ben Bernanke, a explicitement cherché à éviter que ne se répète cette tragédie. Et de fait, en parcourant le film des événements qui se sont enchaînés au cours de cette période, on ne peut que s'étonner de voir les ressemblances se multiplier entre ces deux crises exceptionnelles.

Les roaring twenties

La crise de 1929 vient interrompre aux États-Unis une décennie de croissance brillante, celle qu'on a appelé les *roaring twenties*, les années vingt rugissantes. Les facteurs de la société de consommation moderne, de l'*American way of life*, se diffusent largement : l'automobile, l'électricité, le cinéma… Le pétrole, le caoutchouc, la radio, le boom de la construction enflamment la croissance. La production d'automobiles triple, passant de 1,9 million de véhicules en 1919 à 5,9 millions en 1929.

Le 4 décembre 1928, le président Coolidge adresse son dernier message au Congrès. Il conclut son discours par une tirade triomphante : « Aucun Congrès des États-Unis jamais réuni n'a eu de perspective plus agréable que celle qui apparaît aujourd'hui. » La Bourse frétille, alternant hausses (en 1924) et reculs (en 1926). Mais c'est à partir de 1927 que la spéculation se déchaîne. Au printemps, les gouverneurs des Banques d'Angleterre, de France et d'Allemagne viennent aux États-Unis afin de demander aux autorités monétaires américaines de faire un geste pour soulager l'économie européenne. Ils obtiennent gain de cause. La Banque centrale américaine, la Federal Reserve Board, appelée familièrement la Fed, baisse ses taux d'escompte de 4 à 3,5 %. Selon Lionel Robbins, alors professeur à la London School of Economics, c'est « à partir de cette date, selon toute évidence, que la situation s'est déréglée ». Entre 1926 et 1929, les cours de Bourse ont doublé. L'euphorie gagne les petits épargnants. Selon une plaisanterie rapportée par John Kenneth Galbraith, qui témoigne de l'esprit de l'époque, « les chauffeurs de maître conduisaient la tête penchée en arrière pour saisir la nouvelle d'un mouvement imminent de Bethlehem Steel[1]... ».

Progressivement, dès 1928, la Fed va toutefois remonter ses taux pour casser ce qu'Alan Greenspan appellera beaucoup plus tard « l'exubérance irrationnelle » des marchés financiers. En janvier 1929, le taux de réescompte est déjà revenu à 5 %. Le 14 février 1929, la Fed de New York propose de relever le taux de 5 à 6 % pour arrêter la spéculation. Une longue controverse s'ensuit. Les taux ne sont pas

1. John Kenneth Galbraith, *La Crise économique de 1929*, Paris, Payot, 1970.

augmentés avant la fin de l'été au cours duquel ils sont finalement portés à 6 %. Mais cette hausse survient trop tard. Il est aujourd'hui établi qu'au début de l'automne 1929, l'économie américaine était déjà entrée en crise[1].

Le krach

Le jeudi 24 octobre est la première des journées que l'histoire identifie avec la panique de 1929. Ce jour-là, le « jeudi noir », 13 millions de titres sont vendus, contre 4 millions en moyenne quotidienne ordinaire. Vers 11 h 30, le marché s'abandonne à la panique. Onze spéculateurs se sont déjà suicidés. À l'extérieur, « un rugissement mystérieux se fit entendre, une foule s'attroupa ». À midi, les plus grands banquiers de New York, Charles E. Mitchell, président de la National City Bank, Albert Wiggin, président de la Chase National Bank, William Potter, président de la Guaranty Trust Company, Thomas Lamot, associé principal de la banque Morgan, se réunissent. Ces grands maîtres de la finance s'emploient à inverser la tendance, en rachetant les titres. Une fois la nouvelle diffusée, les prix remontent immédiatement. Le *Times* salue l'épisode dans les termes suivants : « La communauté financière est maintenant en sécurité, sachant que les banques les plus puissantes du pays se tiennent prêtes à empêcher la panique. »

---

1. Le National Bureau of Economic Research, calculant les données sur la période, montre que l'économie avait faibli au début de l'été 1929. La production d'acier déclinait depuis juin. En octobre, l'indice de la production industrielle se situait à 117 contre 126 quatre mois plus tôt. La construction de logements, qui baissait en fait déjà depuis plusieurs années, s'affaissa encore davantage en 1929. Bernard Gazier, *La Crise de 1929*, Paris, PUF, coll. « Que sais-je ? », 1985.

Mais le mardi suivant, « le mardi noir » 29 octobre, la panique reprend, de manière irrépressible cette fois : 16 millions de titres sont échangés. Les cours plongent. C'est le début de la spirale qui devait mener à l'abîme. La Fed baisse le jeudi 31 octobre le taux de réescompte de 6 à 5 %. En vain. La chute continue. Un premier creux est atteint le 13 novembre 1929. Les cours ont déjà perdu la moitié de leur valeur. Dans les trois ans qui vont suivre, Wall Street va perdre 85 % du niveau atteint en septembre 1929.

Les États-Unis vont alors connaître une récession en dehors de toutes les normes antérieures. La production industrielle se voit réduite de moitié entre 1929 et 1932. Le chômage touche le quart de la population active.

Le retournement américain va enchaîner plusieurs facteurs qui resteront longtemps gravés dans les mémoires. La crise des achats de biens durables (automobiles, meubles, machines à laver...) va être le premier ressort cassé de la croissance. Les biens de consommation durables sont intrinsèquement sensibles aux cycles économiques. On doit se nourrir tous les jours mais on peut différer l'achat d'une voiture ou d'une machine à laver. Un facteur aggravant va jouer. Dans les années antérieures, le crédit à la consommation a fait son apparition, bouleversant les habitudes de consommation américaines. 85 % des meubles, 80 % des phonographes, 75 % des machines à laver sont financés à crédit. À l'époque, un bien acheté à crédit est saisi, en cas de défaut, sans considération des paiements déjà effectués, ce qui rend les consommateurs plus prudents encore en cas de crise. En 1930, la consommation de biens durables baisse brutalement de 20 %. La chute sera de 50 % entre 1929 et 1933. Les achats de voitures vont s'effondrer des deux tiers entre 1929 et 1932.

La crise de l'immobilier est l'autre facteur qui bouleverse l'équilibre macroéconomique. Le boom du bâtiment avait été l'un des aliments de la croissance. Les constructions avaient plus que doublé en 1926 par rapport au chiffre d'avant-guerre. Le retournement est d'autant plus spectaculaire. Comme pour le marché des biens durables, le cycle du crédit est l'un des facteurs aggravants.

Les paysans sont les autres victimes collatérales de la crise. Au contraire des autres secteurs, leur situation n'était jusque-là pas brillante. Depuis la fin de la guerre, la surproduction règne, le volume des terres cultivées aux États-Unis ayant augmenté pour compenser la baisse de la production des pays belligérants. Avec le retour de la paix, l'excès d'offre déprime durablement les cours. Avec la crise, le revenu net des exploitants s'effondre, fléchissant de 70 % entre 1929 et 1933. C'est cette tragédie qui sera immortalisée dans le roman de Steinbeck *Les Raisins de la colère.*

1929 est à cet égard la première crise « totale » du monde industriel. Le rôle joué auparavant par l'agriculture, comme amortisseur, a disparu. Pour la première fois, le retour à la campagne cesse d'être une option pour les ouvriers en détresse. Il faudra attendre le lendemain de la Seconde Guerre mondiale pour que l'État providence joue ce rôle protecteur.

La crise financière

L'économiste Peter Temin mettra en exergue la chute de la consommation de biens durables en 1930 comme le principal facteur expliquant le plongeon de l'économie. Temin se situe dans le camp keynésien des interprétations de la crise, s'appuyant sur les intuitions que contiendra la *Théorie générale.* Ce livre, publié en 1936, exercera une influence profonde sur les économistes et sur la conduite de la politique économique après-guerre. Pour Keynes, la contraction initiale de l'activité tend à se propager à l'ensemble de l'économie par une spirale auto-entretenue. La chute des achats d'automobiles met au chômage les ouvriers qui les fabriquent, lesquels doivent réduire leurs dépenses et propagent la dépression à d'autres secteurs. Un « multiplicateur de crise » se met en place que seules les autorités peuvent enrayer.

Un autre facteur va être mis en évidence : les faillites bancaires. Dans la monumentale *Histoire monétaire des États-Unis* qu'il a écrite avec Anna Schwartz, Milton Friedman va remettre en question l'interprétation keynésienne de la crise pour privilégier le rôle des facteurs financiers. Dans le schéma privilégié par Friedman, l'enchaînement est le suivant. L'effondrement de l'activité met en péril les bilans bancaires, ce qui inquiète les déposants. Ceux-ci, se méfiant, à tort ou à raison, des banques les plus vulnérables, retirent leurs dépôts et les poussent bel et bien à la faillite. En trois ans, de 1930 à 1933, la moitié des banques américaines disparaissent pour cause de mise en liquidation ou d'absorption. Il y avait 29 000 banques avant la crise, il n'en restera que 12 000. Entre 1929 et 1933 la masse monétaire américaine se contractera d'un tiers. Les crises bancaires privent alors les débiteurs les plus vulnérables de sources de refinancement et les poussent à leur tour à la faillite. Sont directement touchés les paysans, les PME et les ménages endettés. Dans ses propres travaux de recherche, Ben Bernanke, depuis 2007 président de la Banque centrale, a montré que les faillites bancaires permettent d'anticiper, quasiment mois par mois, la plongée des États-Unis dans la crise des années trente[1].

1. L'enchaînement décrit fait en partie écho à l'analyse qui avait été proposée par l'économiste de Chicago, Irving Fisher, dès 1933, sous le nom de *debt deflation*. Fisher insiste sur l'impact de la baisse des prix sur

Le drame est que les autorités monétaires ne réagissent quasiment pas. Constatant que les taux d'intérêt sont très bas (entre 1 et 2 %), elles n'injecteront pas de liquidités pour sauver les banques. Selon l'interprétation donnée par Milton Friedman, c'est là que réside la principale cause du désastre. Les autorités monétaires de l'époque n'ont pas été à la hauteur. Elles assistent sans réagir à l'effondrement du système bancaire. Il faudra attendre février 1932 pour que le président Hoover, célèbre pour avoir prédit en 1930 que la reprise était « au coin de la rue », crée une Reconstruction Finance Corporation, dotée d'un capital public, pour faire des avances aux établissements financiers en difficulté.

La vérité se situe sans doute entre ces deux conceptions, keynésienne et monétariste. La crise de 1930 s'explique initialement par les facteurs que souligne Temin : l'effondrement de la confiance provoquée par la chute de Wall Street tire vers le bas le moral des ménages, lesquels compriment leur demande et enclenchent un cercle vicieux en matière de débouchés. Mais la propagation et l'ampleur de la dépression de 1930 à 1933 reposent principalement sur les

---

la solvabilité des emprunteurs. Entre 1929 et 1933, les prix à la consommation ont chuté d'un tiers, les prix de gros de 40 %. Les entreprises, désespérées de trouver des acheteurs, assoiffées de liquidités, baissent leurs prix de vente pour attirer le client. En valeur, l'activité se contracte en fait deux fois : par la baisse de l'activité ; par la baisse des prix. Un ménage dont le revenu et la dette valaient 100 en 1929 se retrouve trois ans plus tard avec une dette qui vaut toujours 100 mais un revenu qui vaut 30. Rapportée au revenu des ménages ou au chiffre d'affaires des entreprises, la dette devient trois fois plus lourde à porter qu'elle n'était avant la crise. Les ménages et les entreprises qui ne peuvent plus honorer leur dette font défaut. Pour prendre un exemple extrême, à Cleveland, 60 % des ménages feront défaut sur leurs crédits hypothécaires. Les difficultés des ménages sont également celles des entreprises, les plus petites notamment.

facteurs monétaires et financiers soulignés par Friedman : la crise de la demande se transforme en crise bancaire beaucoup plus profonde, laquelle aurait pu être enrayée par la Banque centrale si elle en avait saisi la portée.

Une crise internationale

La crise de 1929 n'aurait jamais pris les proportions qui furent les siennes sans l'effondrement du commerce international. Comme aujourd'hui avec la crise des subprimes, il est étonnant de constater la vitesse à laquelle une crise partie d'Amérique a pu toucher l'ensemble des pays. Le commerce international va connaître une formidable rétraction. Les importations mondiales sont réduites de 3 milliards en avril 1929 à 1 milliard en février 1933. Les erreurs internes des autorités américaines concernant les banques vont ici se doubler d'erreurs tout aussi tragiques en matière de politique commerciale. Dès 1930, les États-Unis votent des mesures de protection douanière, le tarif Hawley-Smoot. Celui-ci prévoit une augmentation de 40 % des droits sur le blé, le coton, la viande et les produits industriels. La crise américaine se propage alors aux échanges internationaux, les pays concernés par les mesures américaines s'empressant de prendre des mesures de rétorsion.

La crise économique crée également une crise des matières premières qui met en péril les pays exportateurs. En Amérique latine, le cours des matières premières s'effondre entre 1929 et 1933, au tiers du niveau initial. Pour se libérer du poids de leur dette, la plupart des pays d'Amérique latine font faillite. Seule l'Argentine résistera à la tentation de se mettre en cessation de paiement, ce qui semble un comble vu rétrospectivement, mais au prix d'une dépression beaucoup plus grave qu'ailleurs.

Mais le facteur essentiel est la crise du système monétaire international. Le séisme financier américain va rapidement se propager à l'Europe, du fait notamment des déséquilibres hérités de la Première Guerre mondiale. Les plans de rééchelonnement de la dette allemande se succèdent (en 1924, avec le plan Dawes, en 1929 avec le plan Young). Il faut attendre la conférence de Lausanne, en 1932, pour que les Alliés comprennent l'inutilité de vouloir « faire payer » l'Allemagne. Peu après la démission du chancelier Brüning, l'Allemagne arrache enfin les concessions financières qui auraient dû lui être accordées beaucoup plus tôt. On l'a vu, elle l'obtenait trop tard. L'Allemagne, vivant sous perfusion des crédits internationaux, sera immédiatement emportée par la crise. L'absence de disponibilités financières explique en grande partie (une autre explication est l'orthodoxie financière de l'époque) pourquoi la politique budgétaire ne jouera aucun rôle dans la résolution de la crise, valant à Brüning le surnom de « chancelier de la faim ».

À l'image des déposants au sein même du système bancaire américain, les capitaux internationaux fuient les pays qui leur paraissent vulnérables. Les monnaies dansent follement les unes avec les autres. En mai 1931, lorsque le Kredit Anstalt fait faillite, cette grande banque autrichienne entraîne une déferlante qui atteindra les banques hongroises, tchèques, roumaines, polonaises et allemandes. C'est ensuite au tour de la Grande-Bretagne d'être au cœur de la tourmente. Les encaisses or de la Banque d'Angleterre semblent soudain insuffisantes. Le 21 septembre 1931, la livre flotte. Le dollar est alors menacé à son tour, incitant à la prudence les autorités américaines, ce qui explique en partie le manque de réactivité que dénoncera Milton Friedman. Puis ce sera le tour du franc. Avec le Front populaire, les capitaux quitteront la France, qu'ils avaient choisie auparavant comme terre d'accueil.

Tout au long de la période, les autorités monétaires vont chercher à rassurer les déposants et les spéculateurs, en maintenant aussi longtemps que possible la convertibilité de leurs monnaies en or. La démonstration des effets nocifs de ce système apparaît pourtant clairement lorsqu'on examine l'évolution des pays. Aussitôt qu'un pays abandonne le système d'étalon or (le Gold Standard), la croissance repart, et les capitaux affluent ! Ce sera le cas en Angleterre à partir de 1931, aux États-Unis à partir de 1933 et en France à partir de 1936. Le paradoxe de cette époque est que le traumatisme encore brûlant de l'inflation d'après-guerre rendra les autorités monétaires extrêmement inquiètes à l'idée d'abandonner l'orthodoxie monétaire, alors même que leurs économies seront soumises à une déflation sévère.

La théorie générale de Keynes

Aucun gouvernement ne comprend la véritable nature de 1929. La plupart restent convaincus qu'il faut d'abord rétablir la confiance en maintenant l'équilibre des finances publiques et la convertibilité or de leur monnaie. Ce faisant, ils aggraveront tous la dépression. Comme les médecins de Molière qui recommandent des saignées, ils affaibliront et parfois tueront le patient qu'ils veulent soigner. Il faudra attendre la publication du livre de Keynes, *La Théorie générale de l'emploi, de l'intérêt et de la monnaie*, pour que les économistes disposent enfin d'un cadre qui leur permette de penser cet objet nouveau : l'équilibre macroéconomique[1].

Keynes part en guerre contre ce qu'on appelle « la loi de Say », du nom de l'économiste français (du début du XIXe siècle) qui a résumé sa doctrine dans une formule célèbre : « L'offre crée toujours sa propre demande. » Pour Say, on vend une marchandise parce qu'on a prévu d'en acheter une autre. Si je vends mon travail, ou mes poules ou mes automobiles, c'est pour répondre à des besoins, pour alimenter une demande nouvelle. Il y a donc un jeu de vases

1. J. M. Keynes, *Théorie générale de l'emploi, de l'intérêt et de la monnaie*, 1936, trad. française, Paris, Payot, 1942.

communicants entre l'offre et la demande. Aucun déséquilibre durable ne peut apparaître entre ces deux termes.

Pour saisir la portée de la critique adressée à la loi de Say, considérons la différence entre un Robinson seul dans son île et une entreprise opérant dans une économie de marché. Imaginons que Robinson Crusoé trouve insuffisant le nombre de cannes à pêche qu'il utilise. Il est confronté à un dilemme simple : continuer de pêcher avec son équipement existant, ou « investir », fabriquer de nouvelles cannes. Dans ce dernier cas, il sait qu'il aura moins de temps pour pêcher : il doit donc réduire sa consommation, un acte qu'on appelle aussi épargner. Pour Robinson, l'acte d'investir et celui d'épargner sont donc indissociables. Il sait que s'il réduit aujourd'hui sa consommation, c'est de manière à l'augmenter demain.

Cette concomitance est perdue de vue dans une économie de marché. Lorsque des particuliers réduisent leur consommation et augmentent leur épargne, ils souhaitent, comme Robinson, consommer plus tard les fruits de celle-ci. L'emploi rationnel de cette épargne serait donc d'investir pour répondre, demain, à ce différé de consommation. Mais le pêcheur qui observe aujourd'hui une réduction de la demande de poissons peut légitimement se demander si la demande augmentera demain. Doit-il vraiment « profiter » de la baisse des ventes pour commander de nouvelles cannes à pêche ?

Supposons qu'il ne le pense pas, qu'il se préoccupe au contraire de la baisse de la demande qu'il constate. Inquiet, il réduira sans doute ses investissements en deçà même des niveaux qui étaient initialement prévus. Un déséquilibre se forme : la consommation se réduit, et l'investissement aussi. En théorie, au niveau macroéconomique, ce déséquilibre doit faire baisser les taux d'intérêt, du fait de l'épargne abondante, et inciter les entreprises à investir. Keynes oppose à cette séquence théorique une autre, plus mécanique. Lorsque la consommation et l'investissement baissent, les entreprises licencient. Appauvris par les licenciements, les ménages consomment moins encore. Ce climat morose n'incite pas davantage les entreprises à investir. Le déséquilibre initial se *multiplie,* peut-être considérablement. Un nouvel équilibre émerge : ce sera *un équilibre de sous-emploi.*

La critique que Keynes adresse à la loi de Say est au final simple à formuler. Dépenser son revenu suppose préalablement qu'on en ait un. Or un chômeur ne touchant pas de salaire, il ne peut pas le dépenser. Implicitement, la théorie de Say suppose que le chômeur continue de consommer. En termes modernes, on dirait qu'il continue de le faire comme s'il anticipait le fait que son chômage restera transitoire. Dès que le chômeur ajuste ses dépenses à ses revenus effectifs, un cercle vicieux apparaît : moins de revenus entraîne moins de dépenses, ce qui entraîne moins de débouchés pour les entreprises, ce qui entraîne moins d'embauches, etc. C'est la théorie du *multiplicateur* de Keynes.

L'héritage de Keynes

« La morale, la politique, la littérature et les religions se sont jointes dans cette grande conspiration : la formation de l'épargne. Un homme riche, finalement, irait bien au royaume céleste, pourvu qu'il ait épargné[1]. » Ces mots écrits dans les années vingt permettent de saisir le regard

1. J. M. Keynes, *Essays in Persuasion,* essais publiés par Keynes dans les années vingt, et réunis en 1931. Réédités par Norton & Co, New York, 1963.

porté par Keynes sur les déséquilibres de son temps. À ses yeux, tous les problèmes viennent du fait que l'humanité, habituée à la frugalité, ne sait pas consommer les richesses que le capitalisme lui offre. « Le principe de l'épargne, poussé à l'extrême, détruirait le motif de la production. Si chacun se contentait de la nourriture la plus simple, du vêtement le plus pauvre et de la maison la plus humble, il est certain qu'il n'existerait pas d'autre sorte de nourriture, de vêtement ni de maison[1]. »

Pour sortir du sous-emploi, le remède est donc simple : il faut dépenser, dépenser à tout prix, même s'il faut pour cela embaucher des chômeurs à boucher l'après-midi les trous qu'ils ont creusés le matin même. Mieux encore, pour éviter le multiplicateur de la crise, il faut dissocier autant qu'il est possible le revenu des agents de leur emploi. En séparant emploi et revenu, on évite ainsi que le chômage n'oblige les chômeurs à réduire leurs dépenses : on réduit le multiplicateur et on stabilise l'économie.

---

1. Keynes renoue ici avec Malthus, qui avait entretenu une polémique de même nature avec Ricardo. Le raisonnement de Malthus se résume ainsi : les ouvriers mangent, les capitalistes épargnent, les propriétaires fonciers dépensent. Si les propriétaires fonciers venaient à disparaître, la machine capitaliste deviendrait une accumulation indéfinie de richesses que personne ne consommerait jamais... Il n'est pas illogique d'en déduire que l'accumulation s'interrompra un jour, faute de débouchés. La réponse de Ricardo à Malthus est assez dogmatique. « M. Malthus, écrira-t-il, semble ignorer qu'épargner c'est nécessairement dépenser. » Pour Ricardo, si les agents épargnent, cela signifie en effet : soit qu'ils achètent des titres, soit qu'ils achètent (et thésaurisent) de l'or. S'il s'agit de titres, ils sont émis soit par l'État pour financer ses déficits, donc ses dépenses, soit par les entreprises pour financer leurs investissements : dans les deux cas, l'épargne finance des dépenses. S'ils achètent de l'or, et le thésaurisent, en ce cas, expliquera Ricardo à Malthus, ce serait comme acheter des « bijoux », ce qui ne change rien à la loi de Say.

Telle est la leçon que Keynes tirera de la Grande Dépression. Il n'est pas sûr que le phénomène qu'il a explicité, la théorie du multiplicateur, soit véritablement celui qui explique la crise des années trente. Les facteurs financiers ont joué également un rôle crucial. Mais l'idée selon laquelle le capitalisme laissé à lui-même est profondément instable, et que pourtant il peut être régulé par une politique économique habile, va enthousiasmer les gouvernements. Lorsque, après-guerre, ils s'aviseront de stabiliser l'économie, les remèdes keynésiens serviront de bréviaires aux hommes politiques. Le fait que la solution proposée consiste à consommer plutôt qu'à épargner ne sera pas pour rien dans le succès de ces idées. Elles fixeront les bases sur lesquelles sera construit ce qu'on appellera l'État providence.

VIII.

L’âge d’or et sa crise

Les Trente Glorieuses

En 1946, dans un village nommé Duelle, dans le Quercy, il fallait travailler vingt-quatre minutes pour acheter un kilo de pain, quarante-cinq minutes pour un kilo de sucre, sept heures pour un kilo de beurre, huit heures pour un kilo de poulet. L'alimentation y forme les trois quarts de la consommation totale ; elle est composée pour moitié de pain et de pommes de terre. Une seule fois par semaine, en moyenne, on achète et on consomme de la viande de boucherie. Le beurre est quasiment inconnu. Le reste de la consommation personnelle est vestimentaire pour plus de sa moitié. En dehors du service militaire, la grande majorité des habitants n'a fait comme voyage que son voyage de noces et quelques pèlerinages.

Trente ans plus tard, dans le même village, la productivité du travail agricole est douze fois plus élevée. Le kilo de beurre ne correspond plus qu'à une heure vingt-cinq de travail. Pour une population de 534 habitants, Duelle comptait, en 1946, 208 agriculteurs, 12 ouvriers non agricoles, 27 artisans et 32 employés du tertiaire. En 1975, sur 670 habitants, le même village ne comprend plus que 53 agriculteurs ; les ouvriers non agricoles sont 35, il y a 25 artisans, et 102 personnes travaillent dans les services. Deux bébés de moins de un an mouraient tous les ans en 1946 ; un seul meurt tous les deux ans en 1975. Les adolescents de vingt ans mesuraient 1,65 m en 1946 ; ils mesurent 1,72 m en 1975. Trois maisons neuves étaient construites tous les vingt ans ; cinquante le sont en 1975. Il y avait cinq automobiles, il y en a presque trois cents en 1975 ! Et ainsi de suite : on passe de deux téléviseurs à deux cents ; de zéro machine à laver le linge à presque deux cents, de cinq réfrigérateurs à deux cent dix...

Cet exemple célèbre est celui qui ouvre l'ouvrage désormais classique de Jean Fourastié, *Les Trente Glorieuses*[1]. Au-delà de ce village, c'est toute la physionomie de la France qui s'est transformée au cours de ces trente années qui séparent la fin de la guerre du milieu des années soixante-dix. Comme Duelle, la France a connu, dans un espace de temps contracté à l'extrême, toutes les étapes de la croissance économique moderne : le passage de l'agriculture à l'industrie, de l'industrie aux services.

Le Grand Espoir du XXe siècle

Duelle est emblématique du passage d'une société où l'essentiel des ressources est consacré à se nourrir, à un monde où l'on part en vacances, regarde la télévision... À travers cet exemple, Fourastié dévoile ce qui peut compter comme sa découverte majeure, qu'il partage dans le monde anglo-saxon avec Colin Clark. Le monde moderne ne se résume pas au passage d'une société rurale à une société industrielle. Il tend en fait vers un troisième terme : une société de services. Dès son premier ouvrage, le célèbre

1. Jean Fourastié, *Les Trente Glorieuses,* Paris, Fayard, 1979 ; nouv. éd. Hachette Littératures, coll. « Pluriel », 2004.

Grand Espoir du XXe siècle paru en 1948, il désigne ce qui lui apparaît comme le véritable sens du progrès : « Tout se passe comme si le travail humain était en transition de l'effort physique vers l'effort cérébral. »

Le tertiaire ne représentait que 15 % des emplois en 1820. Il en compte environ les trois quarts aujourd'hui. Comment comprendre cette évolution ? Alfred Sauvy la caractérisait par ce qu'il appelait le « déversement » de l'emploi. Il est plus facile de robotiser le travail d'un ouvrier d'usine que celui d'un docteur ou d'un coiffeur. Il est donc inéluctable, selon Sauvy, que le travail quitte l'industrie et se « déverse » vers les activités humaines qui sont les moins propices à la mécanisation.

L'exemple du coiffeur « qui a fait le tour du monde », comme le dira fièrement Fourastié dans la préface de son livre, illustre le fonctionnement de cette théorie. Le coiffeur fait à peu près le même travail que les barbiers de l'Ancien Régime. C'est un métier où les gains de productivité sont beaucoup plus faibles que ceux enregistrés dans l'industrie textile par exemple. À travers les siècles, pourtant, le salaire des coiffeurs est toujours resté à peu près égal à celui de l'artisan ou du manœuvre. Le coiffeur qui n'y est pour rien profite tout autant du progrès technique que l'ouvrier d'usine qui en est l'artisan. Tant que les consommateurs désireront se faire couper les cheveux, il peut profiter en effet de la hausse générale de la richesse pour augmenter ses tarifs, sans craindre qu'on trouve une machine qui le fasse à sa place. Tout ce qu'il peut redouter, c'est la concurrence d'autres travailleurs. Mais aussi longtemps qu'il indexe ses tarifs sur le salaire moyen, il peut déjouer cette rivalité. Tel est le fondement du grand espoir de Jean Fourastié. À terme, explique-t-il, seuls les emplois où l'homme est indispensable resteront solvables. Ce qui est une excellente nouvelle.

William Baumol[1], dans un livre où il annonçait le déclin du spectacle vivant, faisait le même raisonnement, mais *a contrario.* Le spectacle vivant (le théâtre, les salles de concert…) profite aussi peu du progrès technique que les salons de coiffure. Il faut, aujourd'hui comme hier, disait Baumol, le même laps de temps pour que Richard II conte « la triste histoire de la mort des Rois ». À la différence du coiffeur, pourtant, l'acteur d'un spectacle vivant est en concurrence directe avec des procédés qui bénéficient, eux, des nouvelles technologies, tels le cinéma, la télévision, les DVD… Profitant d'alternatives moins chères, le consommateur déserte les salles. La leçon est simple : pour survivre, il faut soit être un utilisateur du progrès technique, soit travailler dans un secteur où la mécanisation est impossible. La situation intermédiaire, celle du spectacle vivant, est la pire. La tertiarisation favorise les extrêmes : les emplois intensifs en technologie et ceux qui ne le sont pas du tout.

1. W. Baumol et W. Bowen, *Performing Arts : the Economic Dilemma*, The Twentieth Century Fund, 1966.

Trente ans après

Beaucoup d'eau a passé sous les ponts depuis la publication de l'ouvrage de Jean Fourastié. D'un strict point de vue comptable, il ne fait aucun doute que l'emploi est passé de l'industrie aux services, tout comme un siècle plus tôt il l'avait fait de l'agriculture vers l'industrie. En 2006, trente ans après la publication des *Trente Glorieuses*, la part de l'industrie dans l'emploi américain passait sous la barre symbolique des 10 %.

Un malentendu doit pourtant être levé. L'économie tertiarisée n'est nullement « débarrassée » du monde des objets. Ils coûtent certes moins cher à fabriquer, et la part de l'emploi consacré à les produire se réduit. Mais leur nombre continue de croître, en volume, aux mêmes rythmes qu'avant. Les objets sont toujours plus encombrants, même dans une société de services. Il faut continuer de les déplacer, de les réparer. Au sein du monde tertiarisé, les emplois industriels se sont effondrés, mais les ouvriers sont devenus manutentionnaires ou réparateurs. Les employés, souvent des femmes, sont caissières ou vendeuses. En réalité, le monde des objets reste toujours aussi oppressant.

En toute hypothèse, le grand espoir d'un travail libéré de la dureté liée au monde physique n'est certainement pas advenu, comme en témoigne la hausse régulière des salariés qui souffrent de douleurs physiques et se plaignent de déplacer des objets lourds[1]. Loin d'être le paradis rêvé par Fourastié, la société de services, comme son nom l'indique d'ailleurs, est sous la dictature de clients qui deviennent les véritables donneurs d'ordres, davantage parfois que les patrons eux-mêmes[2]. L'espoir d'une société humanisée est devenu une grande désillusion ; celle d'une dictature du « juste à temps » imposée par le client irascible, qui ne supporte plus d'être servi en retard.

Changement d'époque

Le plus troublant quand on se penche sur cette période est d'y trouver la conviction des contemporains qu'elle durerait toujours. Même les économistes les mieux avertis des tendances longues se sont laissés aller à croire que la croissance pourrait demeurer longtemps aux mêmes rythmes. Jamais pourtant, auparavant, la croissance française ne s'était rapprochée des chiffres enregistrés au cours des Trente Glorieuses. Sans même compter la période tourmentée qui s'est ouverte après la Première Guerre mondiale, la croissance française a longtemps connu des rythmes qu'aujourd'hui on considérerait comme faibles, inférieurs à 2 % l'an. Comment aurait-elle pu croître longtemps à 5 % l'an ?

Fourastié est lui-même parfaitement conscient du fait que cette époque est une parenthèse destinée à être refermée. On ne peut continuer de croître à ce rythme, explique-t-il,

1. Philippe Askenazy, *Les Désordres du travail*, Paris, Le Seuil, coll. « La République des idées », 2004.
2. Éric Maurin, *L'Égalité des possibles*, Paris, Le Seuil. coll. « La République des idées », 2002.

parce qu'il est inconcevable que nous consommions les masses qui seraient ainsi produites. Fourastié répète ici l'erreur qu'il dénonce souvent ailleurs : l'idée qu'il y aurait une limite physique à l'appétit humain. Tout montre au contraire combien l'estomac s'agrandit à mesure qu'il est bien nourri. Une autre cause également avancée par Fourastié résonne fortement aujourd'hui. La croissance indéfinie, surtout si elle devait entraîner celle du tiers-monde, ajoute-t-il, créerait de nouvelles tensions pour l'appropriation des ressources rares, écologiques, de la planète. Le choc du prix du pétrole apparaît ici dans le diagnostic, qui fait écho au rapport publié en 1973 par un groupe de prospective célèbre, le Club de Rome, sur la croissance zéro.

La cause retenue désormais par les économistes pour expliquer l'arrêt inéluctable des Trente Glorieuses est pourtant à peine évoquée par Fourastié lui-même : la fin du rattrapage américain. On comprend aujourd'hui que cette séquence euphorique marque en réalité une période de convergence vers les États-Unis. En 1945, le niveau de revenu par tête des Français est à peine un peu plus du tiers du niveau américain. En 1975, la France est revenue à environ 75 % du niveau de vie outre-Atlantique. Tel est le véritable moteur. La France a crû à 5 % l'an, mettant trente ans pour rattraper les États-Unis. Eût-elle mis quinze ans pour le faire qu'elle aurait pu croître à 10 % l'an. Cela n'aurait préjugé en rien de la dynamique de long terme de son économie. La croissance fondée sur l'imitation du leader ne peut continuer indéfiniment. Le Japon en fera pour sa part l'amère expérience dans les années quatre-vingt-dix. De même, la Chine et l'Inde enregistrent des taux de croissance qui sont manifestement tirés par l'écart qui reste considérable avec les pays riches. Leur croissance s'essoufflera pourtant fatalement chez eux aussi, à mesure que le processus de convergence vers les pays riches s'approfondira.

Il est en effet tout à fait différent de rattraper un pays qui a déjà constitué un stock élevé de savoirs technique et organisationnel et de continuer de croître à des rythmes rapides, une fois parvenu à la frontière des connaissances[1]. Au cours de la même période, la croissance américaine, qui fut elle-même très soutenue par comparaison avec ses moyennes antérieures, n'a atteint que 2,5 % l'an en moyenne. Imaginer que la croissance française puisse durablement en valoir le double était évidemment naïf. C'est pourtant une illusion qui fut partagée par quasiment tous les contemporains. Elle explique pourquoi il faudra de nombreuses années avant que la France ne parvienne à se désintoxiquer, tant économiquement que politiquement, de ces années de croissance rapide.

1. Imiter un schéma de croissance est a priori plus facile que de l'inventer. Ce qui ne signifie pas qu'il suffise de vouloir pour pouvoir. La Chine ou l'Inde aujourd'hui sont à leur tour engagées sur un schéma de rattrapage des pays leaders, mais les analystes ont longtemps pensé que ce rattrapage était impossible. Dans le cas européen, de nombreuses missions de productivité ont été envoyées aux États-Unis. Aujourd'hui, dans le cas chinois, les investissements directs jouent un grand rôle.

IX.

La fin des solidarités

Le siècle de l'État providence

Portée par les bouleversements des Trente Glorieuses, une formidable transformation du monde social allait éclore, celle de l'État providence. Au cœur même de la guerre, Churchill commande, en novembre 1940, un rapport pour lutter à la fois contre les conséquences sociales de la crise des années trente et contre celles entraînées par la guerre. Le rapport sera rendu public en 1942. Beveridge expose les principes, aujourd'hui les nôtres, qui doivent fonder les obligations d'un État vis-à-vis de la société afin de lutter contre les cinq fléaux de l'humanité que sont « la maladie, l'ignorance, la dépendance, la déchéance et le taudis ».

Convaincu par Keynes qu'une société ne peut s'appauvrir qu'en ne dépensant pas assez, Beveridge se sent fondé à réclamer que cette dépense sociale soit garantie par l'État. D'où le titre qu'il donnera à son rapport : *Full Employment in a Free Society*.

L'État providence

L'État providence n'est pas *stricto sensu* une invention de Beveridge. Son idée est antérieure aux années trente et, sans entrer dans le détail de sa genèse, on peut en attribuer à Bismarck l'un des principes fondateurs. Dès 1883, en effet, il fait voter l'une des toutes premières lois sociales à destination des ouvriers en instituant l'assurance-maladie obligatoire pour les ouvriers à faible salaire. Bismarck a ce mot célèbre : « Messieurs les démocrates joueront de la flûte quand le peuple se rendra compte que le souverain s'occupe mieux de ses intérêts. » À la veille de la Première Guerre mondiale, la Grande-Bretagne, la France et les États-Unis auront tous voté des lois sociales.

Le XXe siècle est celui qui voit le rôle de l'État s'accroître massivement. Chacune des deux guerres a joué un rôle fondamental. La hausse des dépenses publiques oblige les États à accroître la fiscalité à des niveaux inédits d'où ils ne baisseront plus par la suite. Passé les guerres, la Première puis la Seconde, les dépenses sociales se substituent lentement mais sûrement aux dépenses militaires.

Cette montée en puissance des dépenses publiques n'a pourtant pas véritablement obéi à un plan. Elle est souvent subie par les gouvernements. Comme l'ont montré Robert Delorme et Christine André[1], la société a progressivement revendiqué des droits à l'éducation, à la santé, à la retraite qui ont toujours débordé les plans gouvernementaux. Dès l'origine, l'État providence est en crise... Même si le keynésianisme a contribué à rendre cette évolution intellectuellement acceptable, la hausse des dépenses sociales a d'abord correspondu à un besoin : celui d'une assurance-maladie, d'une assurance-vieillesse... beaucoup plus qu'à un plan de régulation keynésienne de l'activité.

Rien ne démontre mieux la force de cette demande sociale que la comparaison entre les États-Unis et l'Europe

1. Robert Delorme et Christine André, *L'État et l'économie,* Paris, Le Seuil, 1983.

dans le domaine de la santé. La majeure partie des dépenses américaines est prise en charge par des assurances privées. Pourtant, ces dépenses représentent plus de 15 % du PIB, soit un chiffre supérieur de 50 % à celui qu'on connaît en Europe. La hausse des dépenses sociales ne peut donc pas être attribuée à l'État (et à son laxisme supposé). Elle reflète beaucoup plus sûrement la satisfaction d'un besoin (être soigné et s'assurer une garantie de ressources pour ses vieux jours) auquel les assurances *privées* américaines n'ont pas manqué de subvenir quand l'État ne s'était pas engagé à le faire. La demande de santé est l'une des revendications naturelles d'une société qui s'enrichit[1]. Que l'assurance soit privée ou publique ne change pas en effet le cœur du problème. Ces dépenses ont besoin d'une régulation. Le paradoxe, fréquemment oublié par les contempteurs de l'État providence, est en effet le suivant : l'État joue bien davantage le rôle de gendarme que de pousse-à-la-dépense.

Ce point est particulièrement clair dans le cas des dépenses de santé et a été analysé, dès 1963, par l'économiste Kenneth Arrow, futur prix Nobel. Arrow résumait le problème particulier posé par les dépenses médicales dans les termes suivants[2] : la santé est l'un des rares biens économiques dont la demande (par le malade) dépend entièrement de l'appréciation qui en est faite par l'offreur (le médecin). L'offre dicte bien ici la demande, comme dirait Jean-Baptiste Say, mais pour la raison perverse que le demandeur ne sait pas ce qu'il veut. Tous ceux qui ont douté un jour de l'honnêteté de leur garagiste savent de quoi Arrow veut parler. Mais si l'on peut toujours changer de voiture, on ne

1. Voir Brigitte Dormont, *Les Dépenses de santé, une augmentation salutaire ?*, Paris, Éditions Rue d'Ulm, coll. « Cepremap », 2009.

2. Kenneth Arrow, « Uncertainty and the Welfare Economics of Medical Care », *The American Economic Review,* 1963.

peut pas changer de corps. Personne n'ose, en général, contester le diagnostic de son médecin, lequel peut pousser à la dépense. Des études économétriques américaines ont quantifié l'importance de ce phénomène. Une augmentation de 10 % du nombre des médecins installés dans une région contribue à accroître de 5,5 % les dépenses de santé dans la région concernée : l'offre crée bien sa propre demande[1]...

Dans la mesure où il est dans la nature des dépenses de santé d'être couvertes par une assurance, publique ou privée (qui oserait courir le risque de mourir d'une appendicite, faute de disponibilités monétaires ?), le mécanisme pervers identifié par Arrow est renforcé. Non seulement on n'ose pas contester le diagnostic du médecin, mais de surcroît la couverture donnée par les assurances n'y incite pas. En bref, les dépenses de santé sont encouragées par un double mécanisme : l'offreur dicte sa consommation au demandeur, et la transaction est payée par un tiers (l'assurance). Par comparaison avec les États-Unis, la santé en Europe est pourtant plus égalitaire et *moins chère* qu'aux États-Unis (la couverture est à peu près totale dans l'ensemble des pays européens, alors que 47 millions d'Américains n'ont aucune couverture sociale). La raison en est simple : l'État est en réalité un *frein* à ses excès plutôt qu'une école de laxisme.

1. Ces études sont citées dans le *survey* de Aaron, « Economic Aspects of the Role of Government in Health Care », in *Health, Economics, and Health Economics,* J. Van der Gaag et M. Perlman éd., Amsterdam, North Holland, 1981.

Le dilemme des générations

Progressivement, au cours des années quatre-vingt, il est devenu clair que les Trente Glorieuses ne reviendraient jamais. Avec le ralentissement de la croissance, la crise des finances publiques est devenue patente. Peu à peu, l'ensemble des solidarités nouées au cours de l'âge d'or des années d'après-guerre va se déliter, au moment même où elles devenaient pourtant essentielles. Les classes moyennes aux États-Unis se sont lassées d'aider les pauvres, les Milanais de subventionner les Romains, les Flamands de financer les Wallons... Pour saisir la nature de la crise que la baisse de croissance a infligée à l'État providence, une pièce de théâtre écrite par Loleh Bellon, *De si tendres liens,* se révèle un guide précieux.

De si tendres liens

Dans cette pièce, deux femmes, une mère et sa fille, sont mises en scène, à deux époques de leur vie. La première époque est celle où la mère est une jeune divorcée et la fille une enfant. Tous les dialogues qui se rapportent à cette période ont, en substance, le même contenu : la fille veut que sa mère reste à la maison et s'occupe d'elle au lieu de sortir avec des hommes le soir. La seconde époque se situe vingt-cinq ans plus tard. (La pièce est ainsi construite qu'on ne sait jamais immédiatement quand se situent leurs dialogues.) La fille est devenue une femme dont les préoccupations se portent sur son mari, ses enfants, son travail. La mère est devenue une femme âgée ; elle est restée seule, et les dialogues qui se rapportent à cette époque ont également un seul contenu : la mère demande à sa fille de rester avec elle, de ne pas l'abandonner à la solitude.

La grâce de cette pièce de théâtre est dans l'alternance continue de chacune de ces deux époques. À vingt-cinq ans d'intervalle, c'est le même dialogue qui se dit, seuls les rôles sont inversés. Chacune de ces deux femmes, en deux moments distincts, demande la même chose : être aimée par l'autre. Si elles avaient le même âge, le problème serait simple : leur amour réciproque se renforcerait, ici et maintenant. La difficulté de s'aimer d'une génération à l'autre vient de ce qu'il n'y a jamais coïncidence des besoins (pour reprendre une formule utilisée par les économistes).

La pièce de Bellon rend cette frustration d'autant plus troublante qu'elle montre aussi combien il serait simple que cette mère accorde plus de temps à sa fille, et la fille plus de temps à sa mère. Il semble en effet qu'il suffirait de peu de chose pour que cet amour réciproque se libère du carcan que lui impose l'écart des âges. Il suffirait que ces femmes aient accès à ce qui se passe dans la plupart des familles, où l'on s'aime, toutes générations confondues. Où les parents aiment leurs enfants et leurs propres parents, la chaîne des générations ne s'interrompant jamais.

Ces femmes n'y ont pas accès parce qu'elles sont prises dans une relation duelle. La mère n'aime pas assez sa fille (et cherche à se remarier) parce qu'elle sait (craint) que plus tard sa fille se détournera d'elle, pour s'occuper de sa vie d'adulte. Il faudrait un pont – une institution assurée de pérennité, la « famille » – pour que les enfants transmettent l'amour de leurs parents à leurs propres enfants et le rendent à leurs parents. En l'absence de cette chaîne intergénérationnelle, chacun aime l'autre, bien sûr, mais la frustration montrée par Loleh Bellon empêche que cet amour se libère des contraintes du ici et maintenant.

Interprétation économique

Dans le langage glacé des économistes on dirait que la mère et la fille sont contraintes à un échange affectif « inefficient ». Chacune est malheureuse à tour de rôle, mais chacune pourrait aimer l'autre davantage. Un modèle dû à Paul Samuelson et à Maurice Allais, qui joue un rôle essentiel dans l'analyse économique, illustre parfaitement les mécanismes de ce drame[1].

Pour comprendre la logique ici à l'œuvre, reprenons le récit de notre ami, Robinson Crusoé, seul sur son île. Robinson sait qu'il sera moins habile à la pêche quand il sera vieux. Pour préparer sa retraite, il peut fabriquer des cannes à pêche en grand nombre, mais le compte n'y sera jamais. Usé par la fatigue, il mourra précocement, faute de pêcher aussi hardiment que lorsqu'il était jeune. Supposons toutefois qu'un nouvel occupant, un nouveau Robinson, débarque sur l'île, envoyé par les flots, tous les vingt-cinq ans en moyenne. Le nouveau Robinson ignore tout du précédent. Comme deux Anglais qui n'ont pas été présentés

1. Paul Samuelson, « An Exact Consumption Loan Model with or without the Social Contrivance of Money », *Journal of Political Economy,* 1958. Maurice Allais, *Économie et Intérêt,* Paris, Imprimerie nationale, 1947.

l'un à l'autre, chacun mène une vie solitaire. Le jeune Robinson voit le vieux défaillir, incapable de se nourrir. Il peut l'aider, par humanité. Mais comme les femmes de la pièce de Loleh Bellon, sa générosité a des limites ; il doit penser, lui aussi, à préparer ses vieux jours.

Supposons toutefois que l'île se donne une règle de vie impérative : les jeunes Robinson doivent donner aux vieux une part, disons 10 %, de leur pêche. Apparemment expropriés de leur revenu par l'arbitraire de cette règle, les jeunes se voient en fait ouvrir un accès aux générations futures. Devenus vieux, en effet, ils recevront à leur tour 10 % du revenu des (nouveaux) jeunes. La cotisation réclamée par l'État (tel est le nom donné à cette loi) leur permet d'accomplir un échange intergénérationnel nouveau. Tous les Robinson, jeunes et vieux, y gagnent. À l'image de l'amour intergénérationnel que produit une famille – dont les deux femmes, liées pourtant par de « si tendres liens », sont privées –, chacune donne aux générations précédentes ce qu'elles recevront des générations suivantes.

Tel est exactement le fonctionnement des systèmes de retraite par répartition : les inactifs reçoivent les cotisations des actifs. Dans une économie en croissance, ce système est particulièrement attractif. Car plus les jeunes à venir seront riches, du fait d'une croissance rapide, plus il sera intéressant de troquer les 10 % du revenu que j'abandonne aujourd'hui contre la promesse de recevoir en échange 10 % du revenu des générations à venir. Cette propriété du système de retraite par répartition explique pourquoi il fut plébiscité pendant les Trente Glorieuses. Plus la croissance est rapide, plus je suis prêt à en confier l'usufruit à l'État.

La crise (nouvelle) des finances publiques

Un étrange paradoxe se dessine. La croissance forte fait croire en la possibilité d'un lien durable entre les générations. L'État providence crée une chaîne de solidarité financière, laquelle tend à se substituer à la famille. Car on s'occupe moins de ses parents, quand ils deviennent financièrement indépendants. Hélas, la chaîne de solidarité créée par l'État providence s'affaiblit lorsque la croissance ralentit. On a alors tout perdu : la solidarité familiale s'est délitée et l'État providence devient un poids financier.

Ce raisonnement permet de comprendre, au-delà du seul exemple de l'assurance-vieillesse, la crise des finances publiques qui vient frapper les pays industrialisés à partir des années soixante-dix, lorsque la croissance ralentit. Contrairement au raisonnement popularisé par les héritiers de Keynes, il apparaît aujourd'hui que c'est la croissance forte qui a permis la hausse des dépenses publiques, et non les dépenses qui ont engendré la croissance. Privé de la croissance rapide, l'État providence a dû apprendre à compter ce qu'il dépense. Les gouvernements ont dû arbitrer entre divers postes : santé ou éducation, armée ou retraites. Car les impôts et les cotisations sociales sont plus durs à lever quand la croissance ralentit. Les gouvernements se sont éveillés douloureusement à la réalité d'une contrainte budgétaire nouvelle, quand l'euphorie passée leur a fait croire, à eux aussi, en la possibilité d'une solidarité perpétuelle entre les générations.

La quête impossible du bonheur

L'immense désespoir que la fin de l'âge d'or allait faire peser sur la société française éclaire un trait fondamental de la société moderne : son addiction à la croissance. Elle va plus loin que l'encouragement aux finances publiques. Elle touche le bonheur intime des individus. Les Français sont incomparablement plus riches en 1975 qu'en 1945, mais ils ne sont pas plus heureux. Pourquoi tant de regrets ? La réponse est simple. Le bonheur des modernes n'est pas proportionné au niveau de richesse atteint. Il dépend de son accroissement, quel que soit le point de départ de celle-ci.

L'économiste Richard Easterlin a publié, en 1974, une étude qui fit grand bruit et allait attirer l'attention des économistes sur ce point essentiel[1]. En suivant sur trente ans les réponses à la question : « êtes-vous heureux ? », il montrait qu'aucune déformation ne s'observait dans le temps, en dépit d'un formidable enrichissement au cours de la période couverte. Comment comprendre ce paradoxe ?

1. Richard A. Easterlin, « Does Economic Growth Improve the Human Lot ? », *in* Paul A. David et Melvin W. Reder, éd., *Nations and Households in Economic Growth : Essays in Honor of Moses Abramovitz*, New York, Academic Press Inc., 1974.

Reprenons tout d'abord la question de base : qu'est-ce que le bonheur ? Les personnes interrogées mettent toujours en premier la situation financière, suivie de la famille et la santé. En 1960, 65 % des Américains interrogés mentionnent les aspects financiers, 48 % la santé, 47 % la famille. Trente ans plus tard, les chiffres ne sont guère modifiés. Bien gagner sa vie est cité par 75 % des sondés, 50 % d'entre eux citent une famille réussie ; la santé perd un peu de terrain : un tiers la donne en exemple. La guerre, la liberté, l'égalité sont beaucoup moins souvent évoquées : moins d'une fois sur dix. Les chiffres sont étonnamment stables d'un pays et d'un régime à l'autre. À Cuba en 1960, par exemple, les chiffres correspondants sont : 73 %, 52 % et 47 % ; dans la Yougoslavie de la même période, les réponses sont : 83 %, 60 % et 40 %.

Si la richesse est un élément si important du bonheur, pourquoi une société qui s'enrichit semble-t-elle échouer à rendre ses membres plus heureux ?

L'explication la plus simple est celle-ci : la consommation est comme une drogue. Je ne peux plus me passer de biens dont j'ignorais pourtant l'existence dix ans plus tôt. Le téléphone portable, l'accès à Internet sont des objets qui deviennent indispensables une fois qu'on les a découverts. La consommation crée une dépendance. Le plaisir qu'elle procure est éphémère, mais le désespoir est immense quand on en est privé. Ces intuitions sont confirmées par un grand nombre de travaux récents. Les travaux de Kahneman et Tversky ou d'Andrew Clark montrent que les augmentations de revenu rendent les gens heureux, mais que la satisfaction que l'on tire d'un revenu plus élevé s'évapore rapidement. Selon ces études, elle a disparu à 60 % au bout de deux ans ! Les analyses du comportement des électeurs sont encore plus redoutables. Au moment du vote, les électeurs ne semblent se souvenir que de la conjoncture économique des six derniers mois…

Cette première explication n'épuise pourtant pas la question. Car dans une société donnée, les riches sont plus heureux. Si l'addiction était seule en cause, les riches devraient s'ennuyer autant que les pauvres… Or 90 % des plus riches répondent qu'ils sont très ou assez heureux tandis que seuls 65 % des plus pauvres répondent qu'ils le sont. Ce résultat est confirmé par de nombreuses enquêtes. Les gens qui sont financièrement aisés sont toujours majoritairement très heureux. Si tout n'était qu'addiction à la richesse, ce ne devrait pas être le cas.

L'explication de ce résultat qui n'étonnera personne tient à un phénomène simple et éternel : l'envie. On jouit de réussir mieux que les autres. Marx avait déjà fait cette observation : « Une maison peut être grande ou petite, aussi longtemps que les maisons voisines ont la même taille, tout va bien. Si on construit un palais à côté, la maison devient minuscule. » Chacun essaie de dépasser collègues ou amis, ceux qui forment le « groupe de référence » auquel on se compare. Des études expérimentales montrent ainsi que l'on est prêt à détourner une part de ses propres gains pour réduire celui des autres participants au même jeu. Andrew Clark montre qu'il existe même parfois une corrélation négative entre la satisfaction au travail et le salaire du conjoint[1] !

---

1. La jalousie n'est toutefois pas seule en cause dans la comparaison que l'on fait entre proches. Albert Hirschman compare le consommateur à un automobiliste bloqué dans un embouteillage. Lorsque la file voisine se débloque, il est d'abord soulagé, car il y voit la promesse d'être soi-même bientôt dégagé. Mais s'il reste coincé dans une file qui n'avance pas, il s'énerve, peut devenir violent, changeant de file au mépris du danger. On parle ainsi d'« effet tunnel » lorsque la comparaison à autrui permet d'inférer des informations qui renseignent sur le

Easterlin a proposé, dans un article plus récent, une autre explication, qui complète la précédente, des raisons pour lesquelles les riches sont plus heureux que les pauvres. Tout commence, selon lui, à l'école. Les jeunes commencent leur vie d'adulte avec des aspirations qui sont initialement proches les unes des autres, quelle que soit leur origine sociale. Lorsqu'on les interroge sur les biens qu'ils aimeraient posséder, tous répondent qu'ils veulent (dans cet ordre) : une voiture, une maison à soi, un jardin, une chaîne haute fidélité... La corrélation entre les aspirations des jeunes et le niveau de revenu des parents est quasiment nulle ! Devenu adulte, pourtant, chacun (riche ou pauvre) finit par indexer ses aspirations à la réalité à laquelle il est confronté. Avec le temps, les ambitions se calent, à la hausse ou à la baisse, sur la position qu'on occupe. Mais parce que les riches ont réalisé leurs rêves d'enfants, et que les pauvres en sont frustrés, les riches sont plus heureux...

Un point (peut être cynique) mérite ici d'être signalé. Si les enfants de riches, selon cette interprétation, sont heureux à proportion du temps partagé avec les enfants de pauvres, mieux vaut les laisser ensemble le plus longtemps possible. À replier, dès l'enfance, les jeunes dans des ghettos de riches, on les prive du plaisir de dépasser leurs aspirations. Leur monde devient alors aussi triste que celui des pauvres.

Au total, par l'envie ou le rêve, chacun d'entre nous indexe ses aspirations sur celles d'un groupe de référence

---

champ des possibles. Savoir que son voisin dispose d'une télévision couleur donne envie d'en avoir une tout simplement parce que l'on sait qu'elle existe. Si on n'a pas les moyens de l'acheter, la haine de l'autre peut monter. Voir la revue de la littérature proposée par deux experts, Andrew Clark et Claudia Senik in *27 Questions d'économie contemporaine*, Albin Michel, 2008.

qu'il veut imiter. Il est possible que ce groupe soit large au début de sa vie (les cousins, les enfants de la même classe). Mais avec le temps le groupe de référence se réduit le plus souvent aux quelques proches qui partagent votre destin social. Lorsque la carrière de deux amis diverge, il devient très difficile de mener des activités communes. Quelles vacances, quels restaurants partager lorsque l'un est riche et l'autre pauvre ? La divergence de destins matériels segmente le monde de la vie affective.

Quelle que soit la manière d'apprécier ces résultats, une conclusion simple et brutale demeure : la croissance donne à chacun l'espoir, même éphémère, de sortir de sa condition, de rattraper les autres, de dépasser ses attentes. C'est *l'amélioration* de sa situation qui rend une société heureuse. Les sociétés modernes sont avides de *croissance*, davantage que de richesse. Mieux vaut vivre dans un pays pauvre qui s'enrichit (vite) que dans un pays (déjà) riche et qui stagne. Les Français ont follement apprécié les Trente Glorieuses, car tout était neuf. Mais au bout du compte, la page reste toujours blanche du bonheur à conquérir. Aussi rapide que soit la croissance économique à un moment donné, une société est fatalement rattrapée par la frustration, lorsque celle-là ralentit.

Épiméthée, un mythe grec

Le besoin inépuisable de se comparer aux autres n'est pas une surprise pour les économistes qui ont lu *La Théorie des sentiments moraux* d'Adam Smith, dont la conclusion majeure, on l'a vu, était que « nous n'espérons d'autres avantages que d'être remarqués et considérés, rien que d'être regardés et considérés, rien que d'être regardés avec attention, avec sympathie et approbation. Il y va de notre vanité, non de nos aises ou de notre plaisir ». Il ne l'est pas non plus pour les spécialistes de la mythologie grecque. Cet appétit insatiable est la punition que les dieux ont infligée aux hommes pour neutraliser la force prométhéenne qu'ils leur ont dérobée. Jean-Pierre Vernant, dans son beau livre *L'Univers, les dieux, les hommes*, donne le récit saisissant de cette vengeance divine : « Avant l'intervention de Prométhée, écrit-il, les hommes vivaient comme des fourmis dans des grottes. Grâce à lui, ils sont devenus des êtres civilisés, différents des animaux et différents des dieux. Zeus a caché le feu, Prométhée le lui a volé. Pour se venger, Zeus réserve à l'homme un piège fatal. Il invente la première femme, Pandora. Le féminin existait déjà, puisqu'il y avait des déesses. Et Pandora possède la beauté des déesses immortelles, son apparence est divine. Lumineuse à la manière d'Aphrodite, et semblable à une enfant de la Nuit, hommes et dieux tombent sous son charme.

« Prométhée se voit vaincu. Il comprend tout de suite ce qui pend au nez du pauvre genre humain qu'il a voulu aider. Comme son nom l'indique, Pro-méthée, c'est celui qui comprend d'avance, celui qui prévoit, alors que son frère, qui se nomme Épi-méthée, c'est celui qui comprend après, épi, trop tard, celui qui est toujours possédé et vaincu, qui n'a rien vu venir. »

La tragédie du monde moderne s'ouvre alors. « Or donc, continue Vernant, Prométhée comprend ce qui va se passer et prévient son frère : "Écoute-moi, Épiméthée, si jamais les dieux t'envoient un cadeau, surtout ne l'accepte pas, et renvoie-le d'où il est venu." Épiméthée jure bien sûr qu'on ne l'y prendra pas. Mais voici que les dieux assemblés lui envoient la plus charmante personne qui soit. Voici devant lui Pandora, le cadeau des dieux aux humains. Elle frappe à la porte, Épiméthée, émerveillé, ébloui, lui ouvre la porte et la fait rentrer dans sa demeure. Le lendemain il est marié et

Pandora est installée en épouse chez les humains. Ainsi commencent tous leurs malheurs.

« Pandora est un feu que Zeus a introduit dans les maisons et qui brûle les hommes sans qu'il soit besoin d'allumer une flamme quelconque. Feu voleur répondant au feu qui a été volé, Pandora apporte le malheur aux hommes. Pandora veut être rassasiée, comblée. Elle ne se satisfait pas du peu qui existe. Dans chaque foyer où se trouve une femme, c'est une faim insatiable qui s'installe, une faim dévorante. Il y a les hommes qui transpirent dans les champs, et les femmes qui, comme les frelons, avalent la récolte. »

Les Grecs, comme on voit, s'exonèrent à bon compte, sur leurs femmes, de leurs propres turpitudes. « La femme, poursuit Vernant dans le commentaire de ce mythe, est double. Pandora incarne la fécondité qui produit et la voracité qui détruit. Elle est ce ventre qui engloutit tout ce que son mari a péniblement récolté au prix de sa peine, de son labeur, de sa fatigue, mais ce ventre est aussi le seul qui puisse produire ce qui prolonge la vie d'un homme, un enfant. »

Ce qui reste toutefois extraordinaire, une fois ignorée la misogynie haineuse du mythe, est l'image étonnante de vérité de l'aventure humaine qui est offerte, dès l'origine. Si le monde moderne a libéré Prométhée de ses chaînes, c'est sous les traits d'Épiméthée que l'humanité conduit sa vie ordinaire, habitée par une tension jamais relâchée entre fécondité et voracité, ne comprenant que trop tard le destin où ce conflit le mène. Telle est en effet l'immense faiblesse d'une civilisation qui se croit guidée par le calcul de ses intérêts : elle ne réalise qu'après coup ce qui lui arrive. L'Occident n'a jamais compris en temps réel la croissance économique, la crise des années trente, les Trente Glorieuses… Très souvent, comme ce fut le cas avec la loi de Malthus, il ne saisit les lois qui le guident que lorsqu'elles deviennent mortes. L'Occident agit d'abord et comprend ensuite.

X.

La guerre et la paix

Les cycles de Kondratiev

L'écart qui se creuse entre les aspirations des hommes et la réalité qu'ils découvrent ensuite décide de leur sérénité ou de leur mal-être. Transposée dans l'ordre géopolitique, cette question devient la suivante : les guerres sont-elles engendrées par le malheur ou par l'ennui, par les crises ou la prospérité ? Les deux conflits du XXe siècle donnent chacun une réponse différente. La Première Guerre vient dans un climat de prospérité. La Seconde est engendrée par la crise de 1929. Chacune éclaire un aspect du problème. Pour en saisir la nature, nous suivrons ici une chronologie à la fois profonde et fantasque, établie, il y a soixante ans, par un économiste russe, Nicolas Kondratiev, qui a donné son nom à ce qu'on appelle depuis « les cycles de Kondratiev[1] ». L'auteur sera déporté par Staline à la fin des années vingt, au motif que sa théorie contredisait la théorie marxiste du déclin tendanciel du capitalisme. Sa propre chronologie est donc interrompue au lendemain de la Première Guerre mondiale. Mais il est difficile de résister à la fascination des nombres et de ne pas l'extrapoler.

1. N.D. Kondratiev, « The Long Waves in Economic Life », traduit d'un article écrit en russe en 1925, reproduit in *The Long Wave Cycle,* Julian MK, Snyder éd., Richardson and Snyder, 1984.

Kondratiev fait l'observation suivante : l'activité économique semble obéir à une périodicité de cinquante ans. Vingt-cinq ans de croissance sont en moyenne suivis de vingt-cinq ans de crise, à leur tour suivis de vingt-cinq ans de croissance, et ainsi de suite. Il décèle ainsi trois grands cycles depuis la révolution industrielle de la fin du XVIIIe siècle. En forçant un peu les chiffres, on trouve la datation suivante ; 1789-1813 : croissance ; 1814-1848 : crise et fin du premier cycle. 1849-1873 : croissance ; 1874-1898 : crise et fin du deuxième cycle. 1899-1923 : croissance ; 1924-1948 : crise et fin du troisième cycle.

Continuons l'œuvre de Kondratiev ; 1949-1973 : croissance ; 1974-1998 : crise et fin du quatrième cycle. 1999-2023 : croissance ; 2024-2048 : crise et fin du cinquième cycle… Selon cette chronologie, nous sommes donc entrés dans le cinquième cycle. La période 1998-2023 aurait dû être une période de croissance qui ne devait s'essouffler que vers 2023… La crise des subprimes serait donc, selon cette chronologie, une aberration !

Rares sont les économistes qui accordent aujourd'hui une portée réelle à la datation proposée par Kondratiev. Sa chronique fonctionne parfois pour un pays mais ne vaut pas pour un autre, et en toute hypothèse, il est difficile de comprendre scientifiquement la nécessité de fluctuations de vingt-cinq ans chacune. Pourtant, l'idée de cycles longs, quelles que soient les acrobaties intellectuelles auxquelles elle conduit, reste fascinante. Malgré ses approximations (la crise de 1929 annoncée en 1923, la sortie de crise actuelle prévue en 1998…), elle témoigne d'une respiration de la société qui est en tant que telle indiscutable. Aucune société ne reste jamais sur le fil tendu d'une croissance régulière. Les hauts et les bas de l'activité économique font apparaître des corrélations précieuses pour qui veut comprendre l'articulation entre les cycles économiques et les cycles politiques et militaires.

Kondratiev lui-même note certaines coïncidences. Il observe que c'est au cours des périodes d'expansion que les guerres sont les plus nombreuses. Les périodes de récession, à l'inverse, sont plutôt favorables à la paix. Les révolutions se produisent selon lui aux périodes de retournement, lorsque la crise laisse place à la croissance. Un fidèle lecteur de Kondratiev, Gaston Imbert, écrivant au lendemain de la Seconde Guerre mondiale, a établi une correspondance entre les cycles économiques et les processus politiques et sociaux qui confirment ces observations[1]. Reprenons ici le récit qu'il en donne, des guerres de la Révolution à la Première Guerre mondiale.

Au sommet du premier cycle, au début du XIXe siècle, l'Europe vit au rythme des campagnes napoléoniennes. La défaite de Waterloo marque le début du retournement. Le congrès de Vienne orchestré par Metternich et qui organise la paix en Europe fait peser la revanche de la réaction politique, incarnée en France par le règne de Charles X. L'économie européenne entre dans une longue phase de déflation, de baisse des prix. La déflation fait pencher la balance de l'histoire du côté des rentiers. Ceux qui s'endettent souffrent. Les États n'échappent pas à la règle. Leur seul horizon semble être de rembourser les dettes qu'ils ont contractées pendant les guerres napoléoniennes. Jusqu'au milieu du XIXe siècle, les conservatismes budgétaire et politique règnent, se renforçant l'un l'autre, et riment avec la paix entre les nations.

En 1848, le mouvement s'inverse, la respiration de la société change de cadence. Louis-Philippe est déposé, Met-

1. Gaston Imbert, *Des mouvements de longue durée Kondratieff*, Aix-en-Provence, La Pensée universitaire, 1959.

ternich s'enfuit. On découvre de l'or en Californie et en Australie. Les prix prennent une courbe ascendante, l'inflation favorise enfin les investisseurs, ceux qui s'endettent. Parallèlement, la politique change de ton. Les tenants de la morale conservatrice sont hués. Les années qui vont de 1848 à 1873 voient l'apparition du marxisme, la redécouverte des mythes de la Révolution française. La société s'agite, se débarrasse des gardiens de l'orthodoxie qu'elle s'était donnés dans la foulée du congrès de Vienne. Une nouvelle génération vient aux affaires, qui avait dix ans en 1810 et n'a plus d'aversion pour les conflits armés. Ceux-ci se succèdent à rythme rapide : la guerre de Crimée, la guerre d'Italie, la guerre de Sécession, la guerre entre la Prusse et le Danemark, entre l'Autriche et la France, l'Autriche et l'Italie, et enfin la guerre entre la Prusse et la France en 1870.

Jusqu'à ce que l'histoire se laisse porter pas son mouvement pendulaire. L'année 1873 voit le basculement du cycle de Kondratiev sur sa phase descendante. La crise durera de nouveau vingt-cinq ans. La période qui va de 1873 à 1897 sera parfois appelée par les historiens « la grande dépression[1] ». De nouveau, le système des valeurs se retourne. Un vent de paix universelle souffle sur les nations européennes, et les rares guerres qui continuent à être déclenchées se reportent sur la périphérie. La crise ravive la morale conservatrice des petits épargnants. Citons à nouveau Gaston Imbert : « Étrangement paisible nous paraît la période de baisse, période de tranquillité politique et sociale. La régression économique, diminuant les profits, purifie les mœurs : on divorce moins, les enfants sont plus nombreux et moins

1. Voir le recueil *La Longue Stagnation en France, l'autre grande dépression, 1873-1897*, Yves Breton, Albert Broder et Michel Lutfalla éd., Paris, Economica, 1997.

abandonnés, les avortements diminuent. Avec la baisse des prix, le nombre de crimes baisse, l'organisme social s'apaise. »

Et tout bascule à nouveau, avec le démarrage d'un nouveau cycle de Kondratiev. En 1898, Zola et Clemenceau rouvrent le dossier de l'affaire Dreyfus. On découvre à nouveau de l'or, en Alaska et en Afrique du Sud. À la machine à vapeur et au chemin de fer succède l'ère de l'automobile et de l'électricité. La caracole joyeuse de l'histoire reprend sa course amnésique. On chante la croissance et on reprend les guerres : la guerre sino-japonaise (un peu en avance, en 1895), la guerre hispano-américaine (1898), la guerre des Boers (1899), la guerre gréco-turque (1897), la guerre russo-japonaise (1903-1904), la guerre italo-turque (1911), la guerre des Balkans (1912) et le conflit, nommé Première Guerre mondiale, qui est le digne héritier des guerres napoléoniennes et se situe au plus fort de la période de croissance.

Cette cavalcade effrénée suggère une leçon. Cycles économiques et cycles militaires sont intimement liés. Les conflits se déclenchent, jusqu'à la Première Guerre mondiale incluse, dans les périodes hautes des cycles de Kondratiev. À l'inverse, dans les périodes de crise, l'État se replie sur lui-même. Quelle est l'origine de cette corrélation entre guerre et prospérité ? Et pourquoi la Seconde Guerre mondiale l'invalide-t-elle ?

Économie et politique

Une analyse keynésienne de la corrélation entre guerre et croissance proposerait le raisonnement suivant : les dépenses militaires créent des débouchés nouveaux pour les entreprises. Les guerres tirent la croissance économique. La paix, au contraire, déclenche la récession : elle prive l'économie des dépenses d'armement et ralentit la croissance. Hansen, le premier keynésien américain, a noté ce phénomène et en a tiré la recommandation pratique qu'il suffisait d'éviter la seconde phase (où les États cherchent à rembourser leur dette de guerre et réduisent leurs dépenses) pour annuler tout à fait les cycles économiques.

Cette interprétation n'est pourtant pas suffisante. Car les guerres semblent naître de la croissance, et non l'inverse. Comme le montre en effet Gaston Imbert, elles débutent généralement *à la fin* du cycle de croissance, plutôt qu'à son début[1]. Selon un auteur anglais qui en a fait aussi l'observation, « *Sparks fly in the second stage of expansion* » : le feu est mis aux poudres lors de la seconde moitié des périodes de croissance[2]. C'est la croissance qui pousse à la guerre.

1. Gaston Imbert, *op. cit.*

2. Alec L. Macfie, « The Outbreak of War and the Trade Cycle », *Economic History,* supplément de *Economic Journal,* février 1958.

Plusieurs théories permettent de comprendre cet enchaînement. La théorie de l'impérialisme en est un exemple. L'idée de Lénine, reprise d'ailleurs par Hannah Arendt, est que la bourgeoisie, lorsqu'elle prend progressivement le contrôle des affaires de l'État, pousse à la guerre pour protéger ses approvisionnements en matières premières et trouver des débouchés coloniaux. Pourtant, comme le soulignera Schumpeter, ce n'est pas sur ordre de leurs bourgeoisies que les États mènent leur guerre, même si celles-ci trouvent un intérêt à accroître leurs chasses gardées commerciales[1]. Ils la mènent pour leur propre compte, à leurs fins de puissance. Les motifs de guerre liés à l'économie ne sont d'ailleurs pas moins nombreux dans les périodes de récession que dans les périodes d'expansion. C'est en effet dans les périodes de récession qu'il devient plus urgent de protéger ses marchés. Les *guerres économiques* comme le protectionnisme se produisent souvent dans les phases de récession.

Une autre théorie rend mieux compte de la manière dont la croissance nourrit l'appétit de guerre des États. Elle suit le raisonnement proposé par Paul Kennedy, auteur d'un livre à succès : *The Rise and Fall of the Great Powers*[2]. Pour Kennedy, la richesse économique permet à la puissance militaire de s'exprimer. Il développe à cet égard une théorie de l'*imperial overstretch* (la surextension impériale) selon laquelle les grandes puissances sont poussées à aller au bout de leurs richesses pour défendre leur statut. Elle est conforme à l'histoire fiscale des États européens, qui montre, on l'a vu, comment ils se sont laissé constamment asphyxier par le coût de la guerre, toujours débordés par la

1. Joseph Schumpeter, *Imperialism and Social Classes,* New York, Kelley, 1951.
2. Paul Kennedy, *The Rise and Fall of the Great Powers,* trad. française, *Naissance et déclin des grandes puissances*, Paris, Payot, 1989.

surenchère des nouvelles technologies militaires. Là où Lénine voit au XIXe siècle la main de la bourgeoisie qui pousse les États à protéger ses marchés, Kennedy trouve plutôt, à l'inverse, une volonté de puissance des États, qui abusent leurs bourgeoisies pour accomplir leurs propres desseins.

En suivant ce raisonnement, le rôle de la croissance devient clair : elle relâche les contraintes budgétaires qui pèsent sur les États et leur permet d'accomplir leurs ambitions propres. Les effets du commerce international sur les guerres peuvent s'interpréter selon la même grille d'analyse. Dans la mesure où il peut permettre à une nation en guerre latente avec une autre de diversifier ses sources d'approvisionnement, le commerce peut contribuer à rendre possibles des guerres nouvelles. Telle est la conclusion principale de l'étude de Philippe Martin et de ses coauteurs, à rebours des idées optimistes de Montesquieu[1].

Bonheur privé, bonheur public

Schumpeter a critiqué la position de Lénine, concernant la responsabilité du capitalisme dans les guerres européennes, au nom de l'argument suivant. À ses yeux, les visées coloniales et le bellicisme en général ne sont nullement les conséquences inéluctables du système capitaliste : ils résulteraient plutôt de certaines survivances de la mentalité précapitaliste, fortement enracinée dans les classes dirigeantes des principales puissances européennes. Il est inconcevable,

1. Philippe Martin, Thierry Mayer et Mathias Thoenig, *La mondialisation est-elle un facteur de paix ?* Éditions Rue d'Ulm, coll. du Cepremap, 2006.

selon lui, que le capitalisme puisse en tant que tel conduire à la conquête et à la guerre, car tout est en lui « rationalité et calcul ».

L'idée que les guerres naissent d'un conflit entre différents types de mentalité est très éclairante. Mais ce que Schumpeter semble ignorer est que ces mentalités cohabitent souvent, de manière contradictoire, chez les mêmes personnes. L'*Homo economicus*, froid et rationnel, dénué de toute passion, est une fiction à laquelle Adam Smith lui-même, on l'a vu, n'a jamais adhéré. En conclusion de son livre *Les Passions et les intérêts*, Albert Hirschman renvoie ironiquement Schumpeter aux remarques du cardinal de Retz qui rappelle que pour juger du comportement des hommes « il faut faire la part de la passion, même dans les affaires où ils sont censés n'obéir qu'à l'intérêt ».

Dans un autre livre, *Bonheur privé, action publique*, Hirschman a proposé une théorie qui permet de saisir comment les individus modifient leurs systèmes de valeurs, à concurrence des circonstances économiques. Sa théorie fait écho à celle d'Easterlin concernant le bonheur[1]. Selon Hirschman, les individus consomment deux types de biens. Les biens privés habituels : logement, habits, nourriture, loisirs... Et les biens publics, ceux qu'on partage avec d'autres. Entrent dans cette catégorie tous les grands projets collectifs que sont : la lutte contre la pauvreté, les voyages sur la Lune, les guerres... Dans les termes de Hirschman, comme dans ceux d'Easterlin, ce n'est pas le *niveau* de la richesse qui décide si l'on préfère les biens privés aux biens collectifs, c'est l'écart entre les attentes des individus et la réalisation de celles-ci qui est déterminant. Une réduction brutale d'un

1. Albert Hirschman, *Shifting Involvements. Private Interest and Public Action*, Princeton University Press, 1982 ; trad. française, *Bonheur privé, action publique,* Paris. Fayard, 1983.

tiers du revenu disponible peut rendre les gens très malheureux, tout comme une hausse inopinée d'un tiers peut les rendre merveilleusement satisfaits (pour reprendre le chiffrage d'Alfred Sauvy). Lorsque la richesse tombe en deçà de leurs attentes, les gens sont frustrés, se sentent pauvres, et deviennent individualistes. À l'inverse, dès qu'ils sont surpris par une richesse qui excède leurs aspirations, les hommes sont bien davantage prêts à partager le surplus qui leur échoit. Les biens publics redeviennent attrayants.

On veut ainsi du bonheur collectif dans les périodes de croissance, quand les biens de consommation privée sont abondants, quand le bonheur privé tend, provisoirement, à se rassasier. À l'inverse, lorsque l'expansion économique est faible et que les biens à consommer sont rares, le collectif devient un luxe trop coûteux, et l'on vante les valeurs de l'individu et les plaisirs sobres de la vie de famille... Il y a ainsi un type moral des années de vaches grasses et un type moral des années de vaches maigres, les sixties d'un côté, les eighties de l'autre. Les premiers vantent le collectif, les seconds angélisent l'individu.

Si les périodes de forte croissance engendrent un « surplus social » propre à des actions collectives, l'usage qui en sera fait reste toutefois contingent à l'histoire politique de chaque pays. L'Allemagne du Kaiser en a profité pour construire une flotte susceptible de rivaliser avec l'Angleterre. L'Amérique de Kennedy et de Johnson a voulu à la fois distancer l'URSS (au Vietnam et sur la Lune) et dessiner une nouvelle frontière en matière de droits sociaux.

Les périodes de retournement produisent des effets exactement inverses. Une société qui subit une croissance plus faible que prévu, a fortiori une récession majeure, se sent pauvre. Le surplus disparaît, et c'est chacun pour soi. La situation paradoxale est alors que la solidarité sociale devient beaucoup plus difficile à maintenir, au moment même où elle devient le plus nécessaire. Le ralentissement de la croissance après les Trente Glorieuses illustre parfaitement ce processus. Les solidarités entre régions, entre générations, sont apparues plus lourdes à porter, alors même que les sociétés concernées étaient beaucoup plus riches que trente ans plus tôt.

La fragilité intrinsèque des sociétés industrielles se joue dans cette articulation difficile des périodes haussières et baissières. La croissance donne aux États et aux peuples qu'ils entraînent les moyens d'accomplir leurs vieilles ambitions géopolitiques, et ne préjuge nullement de la paix. La Première Guerre mondiale hérite de cette séquence. La crise, à l'inverse, affaiblit le corps social. La capacité de prendre appui, économiquement et moralement, sur la richesse accumulée pendant les périodes de croissance apparaît impossible. La société se divise, et tous les drames deviennent possibles. Le sociologue Ernest Gellner a parfaitement résumé cette situation : « La société de croissance continuelle apaise l'agression sociale par l'amélioration matérielle. La très grande faiblesse de cet idéal est qu'il ne peut survivre à toute réduction du fonds de corruption sociale et surmonter la perte de légitimité qui adviendrait si la corne d'abondance se tarissait temporairement et que le flot fléchissait[1]. »

La Seconde Guerre mondiale témoigne de cet enchaînement, mais de manière totalement atypique. À l'heure où Hitler accède au pouvoir, il est assez évident que ni l'Angleterre ni la France, affaiblies par la crise économique, ne voulaient (presque à aucun prix, comme elles le montreront à Munich) de cette guerre. La crise leur a ôté l'envie de la

1. Ernest Gellner, *Nations et nationalismes*, 1982, trad. française, Paris, Payot, 1989.

guerre. Paix et récession auraient dû rimer ensemble. Mais ce fut le drame de l'humanité qu'Hitler l'eût compris en premier, offrant à l'Allemagne une solution externe à ses problèmes intérieurs.

La Seconde Guerre mondiale déborde évidemment toutes les interprétations mécaniques qu'on pourra en donner. L'effondrement moral de l'Allemagne ne se déduira jamais des seules causes objectives que sont les séquelles du traité de Versailles ou la crise de 1929. Elle échappe à « la rationalité et au calcul ». Comme le dira le philosophe allemand Ernst Cassirer, en avril 1945 : « À chaque instant critique de la vie sociale, les forces rationnelles, qui résistent au réveil des vieilles idées mythiques, perdent de leur assurance. [Ce réveil sonne] dès lors que, pour une raison ou une autre, les autres forces de cohésion de la vie sociale de l'homme perdent de leur efficacité, et ne sont plus en mesure de lutter contre les forces démoniaques[1]. » Ces propos, qu'on aurait voulus l'épitaphe d'une histoire close, vont pourtant reprendre une actualité tragique, peu avant que le XXe siècle ne referme ses portes.

1. Cité par Henrich Winkler, *op. cit.*

TROISIÈME PARTIE

À L'HEURE DE LA MONDIALISATION

XI.

Le retour de l'Inde et de la Chine

La grande divergence

L'histoire s'est remise en marche. Entre la mort de Mao et la chute du mur de Berlin, un phénomène nouveau, la mondialisation, a remis à zéro les compteurs de l'histoire humaine. L'acte fondamental qui l'institue peut se résumer à un fait majeur : le retour de l'Inde et de la Chine dans le jeu du capitalisme mondial. En dépit des idées qui pouvaient avoir cours quelques années plus tôt, les spécificités culturelles de ces deux pays-continents n'ont pas offert de résistances insurmontables au règne du marché. Pour saisir la portée exceptionnelle de ce tournant, reprenons tout d'abord l'examen des raisons pour lesquelles ces deux grandes civilisations furent éclipsées par l'Europe au cours des trois derniers siècles avant de comprendre comment s'est effectué leur retour à la table du capitalisme-monde.

L'Orient et l'Occident

Hegel puis Marx ont popularisé l'idée selon laquelle l'Asie a vécu sous la férule de « despotes orientaux ». Leur toute-puissance aurait bloqué l'évolution de l'Asie vers le monde moderne, celui de l'Occident, gouverné par l'initiative individuelle et des institutions politiques représentatives. Ces idées seront reprises, en partie, par Max Weber, qui caractérisera cette évolution comme une « rationalisation » du monde économique et de la vie sociale, séparant l'espace public et privé, débouchant sur une bureaucratie légale et rationnelle. Weber avait certes connaissance de l'activité commerciale des Chinois et des Indiens, mais il a argué que seul l'Occident avait appris à maîtriser rationnellement les relations commerciales, comme en témoigne par exemple la découverte de la comptabilité en partie double.

La forte densité de population asiatique montre toutefois que le continent n'avait en réalité rien à envier à l'Europe. Selon le raisonnement de Malthus, plus une société est peuplée, plus elle démontre qu'elle a appris à résoudre les problèmes agricoles qui freinent ordinairement l'expansion démographique. D'un point de vue industriel, les cotonnades indiennes et les soieries ou les porcelaines chinoises prouvent aussi que l'Asie était passée maître de la production manufacturière bien avant l'Angleterre. Les marchands sillonnaient l'océan Indien depuis longtemps lorsque la Compagnie des Indes orientales a commencé, au début sans succès, à rivaliser avec eux. Comme le souligne l'économiste historien Kenneth Pomeranz, dans son livre *The Great Divergence*[1], cette zone était un véritable paradis du laisser-faire, avec des ports tels que Calicut et Melaka beaucoup plus libéraux que leurs homologues européens. L'Empire moghol en Inde ou la dynastie Qing (les Mandchous) en Chine n'étaient pas les États fainéants que les Occidentaux ont imaginés, mais des empires multiethniques complexes, beaucoup plus sophistiqués que les Habsbourg autrichiens par exemple.

1. Kenneth Pomeranz, dans son livre *The Great Divergence. China, Europe, and the Making of the Modern World Economy,* Princeton, Princeton University Press, 2000.

Ces deux civilisations ont longtemps disposé d'une profondeur et d'une richesse inégalées en Europe. En l'an mil de l'ère chrétienne, l'Inde et la Chine représentaient plus de la moitié de la richesse et de la population mondiales. L'Europe ne comptait alors que pour 10 % de l'une et l'autre. La Chine est en avance sur l'Occident dans pratiquement tous les domaines. Elle maîtrise déjà la charrue en fer et l'arbalète, elle connaît la laque, le cerf-volant (y compris pour soulever des humains), la boussole, le papier, l'acier, l'usage du pétrole et du gaz naturel comme carburants, les harnais pour les chevaux, la brouette, les canaux pour la navigation intérieure... Leurs recherches alchimiques permettent aux Chinois d'inventer la poudre. Leur fascination pour le magnétisme leur fait découvrir la boussole, qui permet d'entreprendre des voyages audacieux, tels ceux de l'amiral Zhang He en Afrique.

Dans les sept volumes de son maître ouvrage, *Science et civilisation en Chine*[1], Joseph Needham pose la question qui les résume toutes : pourquoi la science moderne, celle de Galilée et Newton, s'est-elle développée en Occident, et non en Chine ? Quel est l'obstacle caché qui a bridé leur avance ? Les Chinois développent des horloges hydrauliques mais n'arrivent pas à passer aux horloges mécaniques. Et ce n'est pas par désintérêt, car elles les fascineront lorsque les Européens leur en présenteront. Ils inventent la poudre, qu'ils n'utilisent pas à des fins militaires mais pour leurs feux d'artifice. La poudre, sans grande utilité en tant que telle, ne deviendra efficace en Europe qu'à la suite de nombreuses inventions. Il faudra d'innombrables adaptations avant de rendre le boulet de canon plus meurtrier pour celui qui le reçoit que pour celui qui l'envoie.

---

1. Version résumée : *La Science chinoise et l'Occident*, Paris, Le Seuil, 1977.

Pourquoi les Chinois ne sont-ils pas parvenus à déclencher par eux-mêmes le même processus de croissance que les Européens, alors que leurs conditions de départ étaient bien meilleures ? Plusieurs explications ont été offertes à cette question déroutante.

Le rôle ambigu des marchés et de l'État

Pour expliquer la réussite économique de l'Angleterre à partir du XVIIe siècle, des auteurs comme Douglas North ont mis en exergue la qualité de ses institutions : le respect de la propriété privée, un État solvable, des marchés efficaces... Si l'on suit la démonstration implacable qui est faite par Pomeranz, on doit conclure toutefois que ces institutions étaient également présentes dans la Chine du XVIIIe siècle. Ni l'État ni le développement des marchés ne sauraient expliquer le retard chinois.

Commençons par l'idée souvent défendue selon laquelle, en Asie et dans le monde islamique, l'État était trop puissant pour que les (riches) marchands se sentent véritablement en sécurité[1]. Il n'est pas sûr, au vu des données

1. L'idée d'une séparation du capital social d'une entreprise, la personne morale, de la personne physique qui la détient n'a pas été formée en Chine. Le capital marchand y reste associé à une famille. Mais le capitalisme familial, de type « asiatique », reste en fait longtemps dominant en Europe, sauf dans quelques secteurs. C'est vraiment pour le commerce outre-mer que les Européens ont utilisé la société par actions, distinguant la personnalité morale de la firme de la personnalité de son propriétaire. En toute hypothèse, le développement industriel de l'Angleterre dans le textile ou dans la sidérurgie n'a pas été financé par les marchés financiers. Le coût, faible, était facilement financé par les familles. Sur ce point, voir aussi Jack Goody, *L'Orient en Occident,* trad. française, Paris, Le Seuil, 1999.

disponibles, que l'expropriation des marchands ait été plus fréquente en Asie qu'en Europe, où la longue tradition royale de répudier les dettes publiques est bien documentée. En fait, l'État chinois empruntait très peu ! Ses revenus agraires ont suffi à ses dépenses[1]. Ayant moins besoin d'argent, il a moins été contraint d'accorder, contre recettes, une série de monopoles sur le commerce du sel, du tabac, de l'alcool... comme ce fut le cas en Europe.

Le retard asiatique en matière de propriété de la terre et du travail n'est pas davantage flagrant. La plus grande partie des terres en Chine était tout autant commercialisable qu'en Europe. Certaines terres, surtout dans le Nord, appartenaient, en théorie, à l'État et étaient louées à titre héréditaire. Mais ces terres ne représentaient que 3 % du total. En toute hypothèse, elles étaient de facto considérées comme la propriété de leurs titulaires[2].

Le même parallélisme s'impose concernant le marché du travail. Le travail servile, attaché à un propriétaire, perd

1. La fragmentation politique n'a pas contribué à réduire la fiscalité européenne sous l'effet, comme on le pense parfois, d'un « dumping fiscal » entre les États. Le taux d'imposition anglais, entre 15 et 20 % selon les auteurs, était parmi les plus élevés d'Europe, entre 1688 et 1800. L'Empire indien des Moghols requérait des ressources fiscales comparables à l'Angleterre, mais c'était l'exception. La Chine collectait deux fois moins d'impôts. On ne peut pas dire non plus que l'État anglais était plus « responsable » que les autres en matière de dépenses. Les deux États absolutistes d'Europe continentale, l'Espagne et la France, disposaient de ressources fiscales beaucoup plus faibles. En toute hypothèse, 83 % des dépenses publiques anglaises étaient militaires.

2. En fait, la plus grande part des terres en Europe était elles-mêmes beaucoup plus difficiles à acheter ou à vendre qu'en Chine. Seules quelques régions, la Hollande, la Lombardie ou la Suède, pouvaient être considérées comme libre d'entraves en ce domaine. Même au XIXe siècle, 58 % des terres anglaises étaient occupées, selon Pomeranz, par des unités familiales qui rendaient leur vente difficile.

rapidement du terrain en Chine à peu près en même temps qu'en Europe occidentale. Le système héréditaire qui oblige un fils à faire le même métier que son père s'est désintégré à partir du XVe siècle. Il fut formellement aboli par les Qing en 1695. Lors de la transition entre les deux dynasties, Ming et Qing (vers 1620), la plupart des travailleurs encore serviles ont été libérés à la faveur des guerres, du chaos et de la pénurie de main-d'œuvre qui a suivi. Les paysans chinois ont en fait rencontré beaucoup moins d'obstacles que leurs homologues européens à passer de la terre à l'artisanat. En matière textile, les corporations chinoises étaient faibles. Les Qing ont fortement encouragé les femmes dans les campagnes à s'engager dans la production industrielle. En France, il faut attendre la Révolution pour dissoudre le pouvoir des corporations[1].

Même dans le domaine de la « société de consommation », l'Europe ne semble pas avoir été en avance sur la Chine. Entre 1400 et 1800, on note une évolution semblable du nombre d'objets de consommation magnifiant le statut d'une personne. La dynastie Ming (1368-1644) s'étend sur une période durant laquelle l'intérieur des maisons chinoises de haute tenue se couvre de tableaux, de mobiliers précieux. Au fur et à mesure que le statut social peut être atteint grâce à l'achat de biens de consommation raffinés, plutôt que par le sang, les livres se sont multipliés en Chine, comme en Europe, sur le « bon goût », seule manière pour l'aristocratie de préserver son statut, fût-ce au risque de se

1. Les mouvements migratoires vers les terres les plus fertiles et les moins densément peuplées sont restés beaucoup plus lents en Europe qu'en Chine. Alors que le bénéfice pour un jeune Anglais de migrer vers la Nouvelle-Angleterre était considérable (une dizaine d'années d'espérance de vie en plus par exemple, vers 1700), les migrations restent longtemps très faibles.

ruiner. Un « traité des choses superflues » est ainsi publié au cours de cette période, qui aide l'aristocratie à se mouvoir dans le nouveau système de la mode, en lui enseignant la manière de se distinguer de la vulgarité des « nouveaux riches ».

Histoire et géographie

La Chine a connu au XIVe siècle une révolution industrielle très proche de celle que l'Angleterre initiera quatre siècles plus tard. Grâce à une révolution agricole liée à l'utilisation d'un riz vietnamien beaucoup plus performant, elle s'engagera dans une période d'urbanisation rapide. Le textile, la sidérurgie se développent[1]. Elle est alors aux portes de la révolution industrielle. Les Chinois avaient compris depuis longtemps le principe de la pression atmosphérique. D'un point de vue strictement technologique, ils auraient parfaitement pu développer la machine à vapeur. Pourquoi ne l'ont-ils pas fait ?

Selon Pomeranz, un accident géographique est la cause principale de cette divergence de destins. Le nord et le nord-ouest de la Chine disposaient (et disposent toujours) de vastes réserves de charbon. Les Chinois maîtrisaient la transformation du charbon en coke (charbon purifié). La Chine produisait plus de charbon à des fins métallurgiques en l'an mil que l'Europe (hors Russie) en 1700. Mais l'invasion mongole qui se produit au début du XIVe siècle bouleverse la situation. Lorsque la Chine retrouve une certaine stabilité,

1. Les progrès chinois en matière métallurgique leur permettent de produire, dès le XIe siècle, 125 000 tonnes de fonte, un chiffre qui ne sera atteint en Angleterre que sept cents ans plus tard.

après 1420, le centre démographique et économique du pays a basculé au sud. L'extraction du charbon reprend au nord, mais ne redevient jamais un secteur dynamique, à la frontière des innovations. Les utilisateurs potentiels de charbon au sud et les producteurs au nord vont se croiser.

David Landes privilégie une autre explication, d'ordre culturel[1]. La Chine, explique-t-il, s'enlise progressivement dans un horizon philosophique et politique d'immobilité, qui atteint un sommet sous la dynastie des Ming, au cours de laquelle l'État abolit le commerce extérieur. Passés les désordres qui ont suivi l'invasion mongole, la recherche de la stabilité intérieure devient prioritaire et l'exploration du monde passe au second plan. Malgré les zèbres et les girafes rapportés d'Afrique par l'amiral Zhang He, l'empereur décide que ces voyages sont coûteux et inutiles.

Cette politique va décourager le commerce et l'industrie, favoriser la corruption et le népotisme. Étienne Balazs, cité par Landes, résume cette quête de l'immobilité par un besoin obsessionnel de contrôler l'empire[2]. À la manière d'un État totalitaire, comme on dirait aujourd'hui, l'État régente tout, le commerce et l'éducation. « L'atmosphère de routine, de traditionalisme et d'immobilité rend toute innovation suspecte. » La Chine n'a pas bénéficié du stimulus qu'a représenté en Europe la rivalité entre les puissances européennes. Préoccupée par sa stabilité intérieure, elle a interrompu la dynamique qu'elle avait pourtant engagée bien plus tôt. Quelques décennies avant que Christophe Colomb n'embarque pour l'Amérique, la Chine choisit la stabilité et se referme sur elle-même. L'Europe a emprunté l'autre voie.

1. David Landes, « Why Europe and the West ? Why Not China ? », *Journal of Economic Perspectives*, 20(2), 2006, p. 3-22.

2. Étienne Balazs, *La Bureaucratie céleste*, Paris, Gallimard, 1968.

Le retour de la Chine

Fernand Braudel raconte, dans sa *Grammaire des civilisations*, la stupéfaction d'un voyageur anglais dans la Chine du XVIIIe siècle découvrant que, « à bras d'hommes, on arrive à faire sauter un navire d'un bief d'eau à un autre, en se passant d'écluse ». Cette anecdote, qui en résume beaucoup d'autres, fait dire à Braudel : « L'homme vaut si peu en Chine. » Tel est en substance ce qui effraie à nouveau aujourd'hui dans la (ré-)apparition de la Chine sur la scène internationale : celle d'un milliard trois cents millions de personnes prêtes à travailler pour presque rien, formant une immense armée de réserve industrielle dont Marx n'aurait lui-même jamais conçu la possibilité.

La vitesse à laquelle le pays est passé du statut d'une économie coupée du reste du monde à l'une des économies commercialement les plus ouvertes est stupéfiante. Elle est désormais le troisième exportateur mondial, derrière les États-Unis et le Japon, mais devant l'Allemagne. Toute l'énergie intellectuelle des analystes consiste à faire l'inventaire (et le deuil pour ses compétiteurs) des secteurs où la Chine sera exportatrice : textiles, jouets, téléviseurs, en passant par des produits inattendus dont le livre à succès d'Erik Izraelewicz, *Quand la Chine change le monde*, donne aussi la liste baroque : les truffes du Périgord, le granit de Bretagne[1]...

Les excédents commerciaux permettent au pays d'accumuler d'immenses réserves de change qui le placent loin devant les autres pays industriels, à égalité avec les grands pays exportateurs de pétrole. La Chine détient, en liquidités, l'équivalent du PIB français ! Ces réserves lui donnent les moyens d'une puissance nouvelle. Elle finance l'Afrique, paie son tribut aux grandes organisations internationales où elle entend prendre toute sa place...

Il est facile de se laisser impressionner par la vitesse à laquelle la Chine pourrait devenir le pays le plus riche du monde. En 2005, son revenu total était déjà le troisième de la planète, derrière les États-Unis et le Japon. En extrapolant les rythmes actuels, elle deviendra le pays le plus riche du monde quelque part entre 2030 et 2050. Selon les estimations de la banque Goldman Sachs, cela pourrait arriver dès 2030. Les prévisions du CEPII, un centre français d'études de l'économie internationale, sont plus mesurées. Prenant soin de réduire la croissance chinoise attendue à proportion de son enrichissement, il prévoit qu'il faudra attendre 2050 pour qu'elle monte sur la première marche du podium.

Cette revanche annoncée tient évidemment au poids de la population. En termes de revenu par habitant, la Chine reste un pays pauvre. Dans les classements internationaux, elle se situe au niveau de l'Égypte, soit le niveau de vie d'un Américain de 1913. Si, disons en 2050, elle devait être le pays le plus riche du monde, ce serait en obtenant le revenu par habitant d'un Américain des années 2000. Mesuré en

1. Erik Izraelewicz, *Quand la Chine change le monde,* Paris, Grasset, 2005.

termes d'années, le retard chinois vis-à-vis des États-Unis passerait d'un siècle et demi de retard en 1990 à un demi-siècle en 2050.

Le nouvel atelier du monde

La transformation de l'économie a été décidée par les autorités chinoises dès la mort de Mao. Après l'élimination de la « bande des quatre », conduite par la veuve du grand timonier, Deng Xiaoping engage le pays sur la voie d'une économie de marché. Il l'a fait en procédant en plusieurs étapes, finement pensées d'un point de vue politique, mais qui laissent parfois stupéfait d'un point de vue économique. La première étape du processus a consisté à libéraliser le prix des produits agricoles, ce qui permet d'élever rapidement le revenu paysan, longtemps étouffé par des prix artificiellement bas. On aurait pu penser, à ce stade de la transition, que le régime allait être enfin favorable aux paysans, sensible à l'argument des physiocrates selon lesquels il n'est d'enrichissement durable que par la grâce d'une agriculture prospère. Il n'en a rien été. Très vite, la politique économique allait s'engager dans une voie quasiment opposée : elle allait en fait encourager un développement massif du secteur industriel, au détriment des populations rurales.

La privatisation des terres semblait l'étape logique du processus de libéralisation. Elle n'a pas eu lieu. Il a fallu attendre 2008 pour que s'engage le débat sur la propriété privée des terres. L'économie et la politique suivent ici des chemins opposés. Le regroupement des terres aurait permis d'accroître la productivité agraire. Mais le souci du gouvernement a été d'éviter que les petits paysans ne vendent leurs terres, ce qui les aurait conduits ensuite à affluer en masse, et sans contrôle, vers les villes[1]. Cette restriction de l'accès à la propriété rurale est exactement identique à celle que le Japon avait initialement mise en place, au XIXe siècle, pour cette même raison. Ce faisant, la productivité agricole chinoise restera faible. Passé le premier moment où la libéralisation des prix permet aux paysans de s'enrichir rapidement, leur revenu ne progressera plus guère.

La ressemblance de la stratégie chinoise avec la japonaise va au-delà de la seule question rurale. Elle en est véritablement, pour l'essentiel, la copie et peut se résumer en trois axes majeurs. Un premier volet consiste à garder une monnaie systématiquement sous-évaluée pour doper les exportations. La promotion de celles-ci est une politique constante de la plupart des pays asiatiques. Elle a fait ses preuves au Japon d'abord, puis dans les « quatre dragons » qui l'ont suivi dans cette voie : Taïwan, la Corée du Sud, Hong Kong et Singapour. Adam Smith expliquait que l'ingrédient majeur d'une croissance durable tenait au développement des marchés, dont l'absence constituait le handicap principal des pays pauvres. Le marché mondial permet de contourner cet obstacle à l'image de ce que fut le développement anglais au XIXe siècle.

Un deuxième volet de la politique chinoise importée du Japon tient à une éducation intensive. La stratégie maoïste de scolarisation porte ici ses fruits. Lancée au milieu des années cinquante, elle a permis à la Chine de réduire à un tiers de la population le taux d'analphabétisme à l'aube des années quatre-vingt. Cette politique a été renforcée ensuite par une loi votée en 1986, qui fixe un plancher de neuf ans d'éducation obligatoire, après l'âge de six ans. En 2025, il

1. La corruption joue aussi son rôle dans les raisons de laisser des zones grises en matière de propriété rurale.

pourrait y avoir plus de Chinois parlant anglais que de personnes dont ce sera la langue maternelle !

Le troisième volet tient à un taux d'épargne très élevé, proche de... 50 %. Un tel taux permet de financer des investissements à un rythme effréné et d'engranger des réserves extérieures considérables. Cette épargne pléthorique libère le pays du verrou qui a longtemps bridé la croissance des pays émergents, en Amérique latine notamment, à savoir la pénurie de devises.

L'épargne chinoise est un sujet de perplexité pour les économistes, tout comme il l'avait été auparavant dans le cas japonais. Pourquoi les Chinois ne veulent-ils pas consommer davantage ? La réponse ne semble pas tenir à une quelconque frugalité. Les standards de la consommation chinoise rejoignent rapidement ceux de l'Occident. On compte déjà 94 télévisions couleurs et 46 réfrigérateurs pour 100 ménages chinois. Leurs habitudes alimentaires sont en train de se modifier également et se rapprochent à grande vitesse de celles de l'Occident. McDonald's ouvre en Chine cent nouvelles boutiques par an ! Les Chinois raffolent également, jusqu'à l'ivresse, des grandes marques étrangères. Ernst & Young a publié en 2005 un rapport où il est prédit que la Chine comptera en 2015 pour un tiers de la demande mondiale du luxe, à égalité avec le Japon, et très loin devant les autres pays. À l'image du Japon aussi, des armées de Chinois se préparent au tourisme au long cours, venant se faire photographier devant la tour Eiffel ou la tour de Pise. Cent millions de touristes chinois seraient attendus en 2015 (contre 30 millions aujourd'hui)[1] !

1. Voir aussi Jacqueline Tsai, *La Chine et le luxe*, Paris, Odile Jacob, 2008.

L'épargne chinoise ne résulte donc pas d'une difficulté particulière du pays à embrasser la société de consommation occidentale. Le paradoxe serait plutôt inverse : il est étonnant de constater la vitesse à laquelle la Chine s'est coulée dans le moule des standards de consommation occidentaux. Comment comprendre dès lors ce chiffre étonnant d'une épargne de 50 % des richesses produites ? L'explication est double. Les ménages épargnent certes beaucoup, mais pas davantage que les Indiens par exemple. Toute économie en forte croissance tend en effet à générer une épargne élevée. Quand les revenus croissent de 10 % l'an, il faut du temps pour que les normes de consommation s'ajustent aux possibilités nouvelles.

L'autre facteur explicatif tient aux taux de profit qui sont considérables et dépassent les capacités d'investissements. Ces profits élevés reflètent la faiblesse chronique des salaires qu'il faut maintenant expliquer.

La nouvelle armée de réserve

La Chine connaît à la fois une chute spectaculaire du nombre de ses grands pauvres, définis à partir du critère de un dollar par jour, et une hausse tout aussi spectaculaire des inégalités[1]. La baisse du nombre de pauvres doit toutefois aux seules mesures prises, au début du processus, pour libéraliser la production agricole. L'industrialisation qui a suivi a multiplié par quatre l'écart entre les 10 % les plus riches

1. L'essentiel de la baisse de la pauvreté se fait dans les années quatre-vingt. Alors que la population chinoise passait de 981 millions en 1980 à 1,162 milliard en 1992, le nombre de pauvres déclinait d'une fourchette de 360-530 millions en 1980 à une autre de 158-192 millions en 1992.

et les 10 % les plus pauvres, le niveau de rémunérations de ces derniers restant stagnant. Or les 10 % les plus pauvres de la population chinoise sont, aux trois quarts, des paysans.

L'équilibre entre la ville et la campagne s'appuie sur un système particulièrement pervers, celui des travailleurs migrants. Dans les schémas classiques d'exode rural qui ont prévalu auparavant, en Europe notamment, les paysans quittent leurs campagnes pour rejoindre les villes et s'y installer définitivement. Les premières générations souffrent, mais leurs enfants finissent par s'intégrer à la civilisation urbaine. Le schéma chinois est conçu de telle manière que les migrants sont quasiment obligés de « retourner au pays » pour fonder une famille. Il s'appuie sur le système dit du *houkou* qui assigne à chacun un lieu de résidence, celui de sa mère. Cette règle de fer détermine les droits en matière d'accès aux biens publics : les enfants, par exemple, ne peuvent bénéficier de l'école publique ou de l'accès aux soins que dans le *houkou* officiel des parents. Il est donc quasiment impossible pour un « travailleur migrant », c'est-à-dire un travailleur résidant en dehors de sa zone attribuée, de fonder une famille[1].

Il y a aujourd'hui en Chine quelque 130 millions de travailleurs migrants, qui représentent près du quart de la main-d'œuvre urbaine. Un enfant sur huit seulement des migrants est scolarisé. L'analogie de ces travailleurs migrants avec « l'armée de réserve industrielle » telle que Marx concevait le prolétariat, corvéable à merci, obligé d'accepter des salaires faibles, vient immédiatement à l'esprit. Le *houkou* est le moyen pervers de maintenir dans

1. Voir les travaux de Thomas Vendryes, « Land Rights and Rural-Urban Migration in China », École d'Économie de Paris, résumé paru dans *China perspectives*, n° 2008/2, 2008.

une semi-illégalité des travailleurs qui sont comme des immigrés dans leur propre pays. Ce système crée un dualisme de la population chinoise qui est une hérésie du point de vue économique et une marque de cynisme dans le domaine politique.

D'un point de vue économique, ce système est particulièrement inefficace. Le cycle de vie professionnel des travailleurs migrants est tronqué. Rentrés chez eux, pour constituer une famille, ils ne travaillent plus guère. C'est, en tant que tel, un « manque à gagner » pour le pays, comparable par exemple à celui que subit la France en étant incapable de faire travailler les plus de 55 ans. Leurs enfants doivent ensuite recommencer l'apprentissage de la vie urbaine, s'insérer péniblement dans les interstices de la société. La promotion des paysans en classe moyenne urbaine est bloquée.

D'un point de vue politique, l'avantage du système est toutefois apparu avec la crise de 2008. Les premières victimes du ralentissement, promptement rapatriées dans leurs territoires d'origine, furent les travailleurs migrants, véritable classe de travailleurs intérimaires, sans droits et premiers licenciés. Au feu de la crise, le *houkou* peut ainsi s'interpréter comme un système baroque et cruel, coûteux du point de vue de la croissance de long terme, mais efficace en période de tensions sociales, permettant de renvoyer loin du centre les populations à risque.

« La Chine m'inquiète »

L'un des éléments du dynamisme retrouvé du pays est également l'une de ses faiblesses : la rivalité entre ses provinces. David Landes expliquait ironiquement que si la

Chine en était restée au stade des sept royaumes, qui prévalaient avant la formation de l'empire Han (au IIIe siècle avant J.-C.), elle aurait sans doute beaucoup mieux réussi que sous le régime impérial, car elle aurait bénéficié du même stimulus que les nations européennes. Aujourd'hui, les sept royaumes sont, sous des habits neufs, de retour. Les provinces chinoises bénéficient en effet d'une autonomie nouvelle. Elles sont dirigées par une classe de politiciens que le sinologue Jean-Luc Domenach, dans son livre *La Chine m'inquiète*, caractérise comme une nouvelle ploutocratie, dont le principal moteur est l'enrichissement personnel. À la différence toutefois des États corrompus dont les élites brisent le dynamisme économique, cette corruption reste à ce jour un facteur de croissance. Les autorités provinciales rivalisent d'efforts pour attirer les investissements étrangers, jouant notamment de leur avantage comparatif en matière d'infrastructures, stimulant, ce faisant, l'effort d'investissement global. La rivalité qui aiguise les différentes régions chinoises joue un rôle qui s'apparente à celui des États-nations européens au XVIe siècle.

L'équilibre complexe qui s'installe entre le pouvoir central et les pouvoirs régionaux est toutefois l'une des incertitudes majeures de la dynamique actuelle. Un jeu, parfois subtil, parfois brutal, se met en place entre les deux sources du pouvoir. Le centre politique installé à Pékin cherche à garder la main. Cela prend parfois la forme d'un rappel à l'ordre face aux dérives des pouvoirs locaux, la lutte contre la corruption étant l'un des thèmes favoris d'intervention du pouvoir central. Ce rappel du droit ouvre un chemin étroit où s'engagent ses défenseurs, ceux qu'on appelle parfois « les avocats aux pieds nus », qui font lentement pénétrer l'idée des droits de l'homme dans la société chinoise, au risque souvent de leur propre liberté. Mais le pouvoir central use aussi du levier plus dangereux qui consiste à flatter les pulsions nationalistes du pays. Jean-Luc Domenach commente à plusieurs reprises la manière dont les autorités chinoises manipulent le ressentiment antijaponais de la population. Il ajoute : elles le font « au cas où ça ne marcherait pas », où il leur faudrait trouver un bouc émissaire à un échec éventuel. En Chine aujourd'hui, comme en Europe hier, le nationalisme est une arme qui permet de souder les sociétés en transition. On ne peut résister ici à la comparaison avec l'Allemagne d'avant les deux guerres, déchirée entre le pouvoir prussien, réincarné ici par le Parti communiste chinois, et la bourgeoisie montante, portée en Chine par les milieux d'affaires et la ploutocratie.

Les jeux Olympiques ont fait partie de cette politique visant à flatter le nationalisme chinois. Les dirigeants ont toutefois failli réitérer la même erreur que les autorités soviétiques lors de l'organisation des jeux de Moscou en 1980. On ne laisse pas impunément la presse occidentale braquer ses caméras sur un pays, sans susciter en interne une demande d'expression politique, dont le Tibet a donné l'exemple dans le cas chinois. Les jeux Olympiques illustrent un aspect essentiel de la question. La démocratisation, la revendication d'une presse libre ne viennent pas de la prospérité en tant que telle, mais bien davantage de l'ouverture au monde, celui des images et des idées. Tel est l'autre théâtre, le plus important sans doute, de la mondialisation, auquel les autorités chinoises peinent à se mesurer.

Le réveil indien

La question qui tourmente Needham, celle de savoir pourquoi la Chine n'a pas enfanté un Galilée ou un Newton, ne se pose pas dans les mêmes termes dans le cas indien. Malgré l'avancée en mathématiques (l'invention des nombres négatifs), les prouesses indiennes dans les domaines techniques n'ont pas été aussi spectaculaires que dans le cas chinois. L'agriculture indienne est certes variée. Elle compte le riz, le blé, le millet, la canne à sucre, l'huile, le coton, la soie, le jute... Cette formidable richesse agricole n'a pourtant pas été portée par des connaissances techniques particulièrement avancées. Les Indiens se sont appuyés sur des techniques intensives en travail plutôt que sur des technologies subtiles. La splendeur apparente de la dynastie moghole (1526-1858) doit beaucoup plus à l'extraordinaire inégalité qui se creuse entre le haut et le bas de la société qu'à la prospérité tout court. Pour prolonger le parallélisme avec l'Europe, l'Inde incarne davantage le destin de l'Europe orientale, à l'est de l'Elbe, où le travail restera longtemps soumis à un système profondément inégalitaire.

L'indépendance n'a pas changé, du jour au lendemain, les traits fondamentaux de la société. Nehru prononce alors l'un des plus beaux discours sur la liberté humaine. Le problème est qu'il le prononce en anglais, la langue du colonisateur, parlée seulement par une minorité d'Indiens. Cette anecdote souligne la difficulté où se trouveront les pays nouvellement indépendants de s'affranchir à la fois des codes de la colonisation et de leur propre héritage, pétri d'inégalités. Quand Nehru meurt en 1964, il est remplacé deux ans plus tard par sa fille, Indira. Celle-ci restera au pouvoir de 1966 à 1977. L'ère Nehru-Gandhi comptera donc quasiment trente ans au cours desquels le taux de croissance moyen du revenu par habitant aura été, très exactement, de 0,7 % l'an. C'est mieux que le chiffre atteint avant l'indépendance, qui fut négatif en moyenne. En 1946, le revenu par tête d'un Indien était en effet inférieur à ce qu'il était en 1913. Mais le résultat obtenu après l'indépendance reste bien faible au regard des chiffres atteints au Japon ou en Corée du Sud. La grande pauvreté restera inchangée, touchant 55 % de la population totale.

Tout au long de cette période, la croissance a été constamment entravée par un système administratif omniprésent, exigeant des autorisations à quasiment tous les niveaux de la chaîne de production. Le système a trouvé un nom : le « Licence-Raj ». Ce système, mis en place par Nehru quasiment dès l'indépendance, fermera l'Inde au reste du monde en matière économique. L'échec le plus spectaculaire de ce système sera toutefois dans le domaine politique. L'organisation bureaucratique favorise un système où la corruption prospère. Toute demande de permis entraîne une prébende en faveur du fonctionnaire qui en a la responsabilité. En 2005, Transparency International classait encore l'Inde au quatre-vingt-huitième rang des nations dans l'échelle de la lutte contre la corruption.

L'un des effets paradoxaux de cette stratégie, toutefois, est visible de nos jours. En différant son entrée dans le monde, l'Inde a certainement perdu du temps, mais ce retard lui est en quelque sorte compté aujourd'hui. Il lui permet, à l'heure nouvelle de l'ouverture, de disposer d'une « accumulation primitive » de talents qui font désormais la force du pays. Le succès de ses industries informatiques ou pharmaceutiques s'est construit sur les échecs de la stratégie visant à développer ces secteurs en les coupant du reste du monde. Tâche à l'époque impossible, qui obligeait les pharmaciens et les ingénieurs à tout réinventer. À l'heure de l'ouverture, toutefois, les secteurs protégés disposent maintenant d'une formidable réserve de savoir-faire pour l'affronter.

L'attitude des dirigeants indiens en matière d'ouverture commerciale va changer brutalement. Après sa réélection triomphale en janvier 1980, Indira Gandhi, vraisemblablement piquée par les changements en cours en Chine, explore d'autres voies. Les quotas de production accordés aux PME sont assouplis. Les restrictions à l'importation de biens d'équipement sont également, timidement, levées. Au cours de sa première année au pouvoir, les tarifs douaniers sur les biens d'équipement sont réduits de moitié.

Insensiblement, sans être d'ailleurs pour autant favorable au marché, Indira Gandhi devient davantage « pro-business » (pour reprendre une distinction utile proposée par Dani Rodrik). L'Inde compte quelques grandes dynasties industrielles qui ont émergé vers la seconde moitié du XIXe siècle, tels les Ambani, les Mittal, les Tata dont le groupe contrôle à lui seul 3 % du PIB indien. C'est au fondateur de la dynastie Tata que l'on doit la construction de l'hôtel Taj Mahal, en 1903, érigé pour répondre à l'insulte faite à l'un des fondateurs du groupe, interdit d'accès à l'hôtel Watson, situé en face et réservé aux Anglais. Craignant une intrusion intempestive du pouvoir politique dans leurs affaires, ces dynasties sont toutefois longtemps restées prudentes sur leur propre développement. Le changement de politique leur ouvre les portes d'une stratégie plus agressive.

Lorsque Indira Gandhi est assassinée, en 1984, par ses gardes du corps sikhs, son fils Rajiv Gandhi poursuit sa politique. Quand il est assassiné à son tour, en 1991, l'économie est encore dans un état fragile : le déficit de la balance des paiements, le déficit budgétaire et l'inflation menacent la croissance économique. C'est avec la venue d'une nouvelle équipe dirigée par Narasimha Rao et Manmohar Singh que la rupture devient irréversible.

Le journaliste David Smith compare le binôme Rao et Singh à Deng Xiaoping en Chine[1]. Rao est un vieux routier du parti du Congrès, le parti des Gandhi. Manmohar Singh est un économiste éduqué à Cambridge (en Angleterre) et un ancien gouverneur de la Banque centrale. En quelques mois, ils abaissent les tarifs douaniers, les faisant passer de près de 100 % en moyenne (avec des pointes à 355 %) à une nouvelle moyenne de 25 à 30 %. La roupie est dévaluée de 22 % par rapport au dollar pour relancer les exportations. Une nouvelle politique à l'égard des investissements étrangers est également décidée[2]. Le 24 juillet 1991, Singh s'enflamme à l'Assemblée nationale, affirme, citant Victor Hugo, qu'il n'y a rien de si puissant au monde qu'une idée dont l'heure est venue. Le *Statement of Industrial Policy* est également comparé à la NEP, la nouvelle politique

1. David Smith, *Growling Tiger, Roaring Dragon*, Vancouver, Douglas & McIntyre, 2007.

2. La barrière qui limitait à 40 % la part du capital que des investisseurs étrangers pouvaient détenir est abaissée. La propriété étrangère est autorisée à hauteur de 51 %, au début timidement, dans 34 industries seulement. Mais la propriété de 100 % du capital est autorisée pour les investissements étrangers destinés à des zones dédiées à l'exportation (comme cela se fera en Chine).

économique instaurée par Lénine pour relancer l'économie soviétique (avec d'ailleurs le même succès).

Malgré une reprise de la croissance qui faisait espérer une réélection triomphale de l'équipe en place, c'est pourtant le parti adverse, le BJP (le Bharatiya Jana Party, le Parti du peuple indien) qui remporte les élections. Le BJP, le parti nationaliste hindou, très critique vis-à-vis de la libération économique et de la mondialisation, joue la carte du nationalisme hindou et attise les tensions avec les musulmans. Dans l'État du Gujarat, à la frontière pakistanaise, il organise des pogroms antimusulmans, en 1992, qui laisseront des traces indélébiles entre les deux communautés. Après la victoire parlementaire du BJP, rien ne permettait de jurer de la pérennité des réformes engagées. À la surprise générale, pourtant, une fois aux affaires, le BJP reconduit la politique antérieure. Et quand, cinq ans plus tard, le parti du Congrès, dirigé par Sonia, la femme d'origine italienne de Rajiv Gandhi, revient au pouvoir, Singh, ministre des Finances sous Rao, devient Premier ministre. L'Inde, dont le taux de croissance frôle ensuite les 10 % l'an, semble avoir accompli sa mue en tigre asiatique.

L'Inde vulnérable

Malgré ses taux de croissance élevés, le pays reste pauvre, miné par ses inégalités, et le poids de traditions qui pèsent sur l'ascension sociale des classes inférieures. Selon le consultant McKinsey, l'Inde peut être découpée en quatre catégories. Une petite élite de 1,2 million de très riches ménages. Au-dessous, un ensemble de 40 millions de ménages à revenus intermédiaires, qui peuvent espérer accéder aux normes de consommation occidentales. Plus bas,

110 millions de ménages qui cherchent à vivre avec un revenu annuel compris entre 1 500 et 4 000 dollars par an, qui sortent tout juste de la misère. Et plus bas encore, le groupe des gens misérables, qui forment toujours la majorité du pays. 40 % des enfants souffrent ainsi de malnutrition. C'est un chiffre plus élevé qu'en Afrique. Comment un pays qui se décrit comme la plus grande démocratie du monde laisse-t-il se creuser de telles inégalités ? Revenons sur cette question déroutante, en suivant l'étude en profondeur que Christophe Jaffrelot lui consacre[1].

L'Inde, tout d'abord, respecte bel et bien la plupart des critères qui lui permettent de prétendre au titre de « plus grande démocratie du monde ». À la seule exception de l'état d'urgence décrété par Indira Gandhi en 1977-1979 (au terme duquel elle perdit d'ailleurs les élections), le processus démocratique a toujours été scrupuleusement respecté. Les médias sont libres, ne ménageant jamais les gouvernements en place. À partir des années quatre-vingt, l'alternance devient la règle, le parti du Congrès, celui de Nehru, laissant le pouvoir à une coalition dominée par le Janata Dal (Parti du peuple), d'inspiration socialiste. Puis c'est au tour du BJP, le parti de droite antimusulman, de prendre le pouvoir, avant de le laisser, en 2004, au parti du Congrès qui le conserve en 2009.

En dépit de principes indiscutables, l'Inde a pourtant eu le plus grand mal à passer d'une démocratie formelle à une démocratie sociale, visant à réduire réellement les inégalités. Dès l'origine, les castes sont restées la barrière invisible empêchant la mobilité sociale indienne. Le parti du Congrès lui-même est pour l'essentiel un parti de hautes castes, symbolisées par son noyau dur, les brahmanes. On dirait en France un parti de notables, à ceci près qu'on peut devenir

1. Christophe Jaffrelot, *La Démocratie en Inde*, Paris, Fayard, 1998.

notable en quelques générations et non pas devenir brahmane. Bhimrao Ambedkar, lui-même un intouchable, se fera le critique inspiré de ce système invraisemblable, fondé, dira-t-il, sur « une échelle montante de révérence et une échelle descendante de mépris », où chacun méprise celui qui est plus bas et aspire à monter plus haut sans jamais remettre en cause l'échelle tout entière.

Ce système des castes fixe une division du travail qui se reproduit au fil des générations. Gandhi qui, en réalité, restait respectueux de ce système, y voyait même « une saine division du travail fondée sur la naissance », ajoutant : « Je pense que de la même façon que chacun hérite une certaine apparence physique [de ses parents], chacun hérite aussi de ses géniteurs certains caractères et certaines qualités particulières, et l'admettre permet de conserver son énergie. »

Le Congrès est resté un parti « attrape-tout », dominé au niveau national par des progressistes qui ne considéraient pas que la caste soit une catégorie sociale utile, et des notables locaux bien décidés à préserver leurs intérêts et leurs positions. Le parti a certes cherché à organiser une « coalition des extrêmes » en enrôlant les leaders des « intouchables ». Mais sous la pression vigilante des notables, son programme s'est révélé beaucoup plus conservateur que sa rhétorique, dans les domaines de la réforme agraire ou de l'accès à l'éducation. Les communistes eux-mêmes, parce qu'ils parlaient classes et non pas castes, ont progressivement perdu du terrain, incapables de mobiliser les castes défavorisées, en quête d'émancipation.

Pourtant, au fil des ans, le changement est apparu. Le moment fondateur est celui où une discrimination positive, indexée sur l'appartenance aux castes plutôt que sur les seuls critères socio-économiques, a été imposée. Le 20 décembre 1978 est une date décisive. Le Premier ministre, Morarji Desai, décide de nommer une commission pour analyser la question des castes défavorisées, celles qui allaient être désignées comme les OBC : les « *other backward castes* », pour les distinguer des intouchables, hors castes. La commission Mandal conclut en faveur d'une discrimination positive, arguant que « traiter les personnes souffrant d'inégalités comme des égaux revient à perpétuer l'inégalité ». La montée en puissance des basses castes commence véritablement à cette époque. Accédant au pouvoir en 1989, le parti socialiste, le Janata Dal, dirigé par V. P. Singh, décida, le 20 décembre, que « le gouvernement allait prendre toutes les mesures nécessaires à la mise en œuvre des recommandations de la commission Mandal ».

Les deux formations dirigées par les hautes castes, le Congrès et le BJP, ont cherché à s'adapter au rapport Mandal, en ouvrant des postes aux castes défavorisées et aux dalits (les intouchables). Le BJP a également cherché à attirer les basses castes en attisant le discours antimusulman. Ce qui lui permit de gagner les élections. Mais la recette ne fit pas long feu – il perdra les suivantes. Le pouvoir politique a commencé à changer de mains. Les intouchables eux-mêmes se sont affranchis du parti du Congrès, portant l'un des leurs, K. R. Narayanan, à la présidence de la République.

L'explosion de violence annoncée, celle que redoutait Gandhi, n'a pas eu lieu. Des brahmanes ont certes commencé une grève de la faim après la publication du rapport Mandal, mais la tension est vite retombée. Selon Jaffrelot, ce calme relatif tient en partie au fait qu'au moment même où de nouveaux quotas étaient attribués aux basses castes dans le secteur public, les plus hautes pouvaient se replier sur un secteur privé devenu très attractif du fait de la croissance économique nouvelle. Un nouveau partage des tâches s'est opéré silencieusement. Les élites se sont tournées vers l'économie, laissant le pouvoir politique aux couches inférieures. Le cheminement qui a conduit l'élite occidentale à passer « des passions politiques à l'intérêt économique » est peut-être aujourd'hui en cours en Inde aussi. Le cocktail semble fonctionner pour l'instant, mais reste fragile. La discrimination positive fondée sur les castes est une bonne chose à court terme, mais elle expose au risque d'enfermer chacun dans la prison de sa naissance.

XII.

La fin de l'histoire et l'Occident

La tragédie des nations faibles

L'entrée de l'Inde et de la Chine dans le jeu du capitalisme mondial est indissociable d'un autre épisode majeur : la disparition de l'URSS. À mesure que la crise de celle-ci devenait patente, les pays qui avaient adhéré à l'idée d'une « autre voie », celle du socialisme d'État, ont progressivement changé de stratégie. La chute du mur de Berlin a fait penser à certains que le monde était enfin parvenu, dans des termes empruntés à Hegel et repris par Francis Fukuyama, à la « fin de l'histoire »[1]. Selon cette théorie, chaque peuple tendrait désormais vers la même destination : l'économie de marché et la démocratie représentative. La paix universelle rêvée par Kant devenait enfin une possibilité réelle.

Quelques années plus tard pourtant, l'attentat contre les tours jumelles du World Trade Center, le 11 septembre 2001, ouvrait le XXIe siècle, aussi bruyamment que la chute du mur de Berlin, le 9 novembre 1989, avait fermé le XXe. À rebours des thèses optimistes défendues par Fukuyama, celles développées par Samuel Huntington sur le « choc des civilisations » sont apparues comme prémo-

1. Francis Fukuyama, *La Fin de l'histoire et le dernier homme*, trad. française, Paris, Flammarion, 1992.

nitoires[1]. Pour ce dernier, l'Orient et l'Occident ne convergeraient nullement l'un vers l'autre. Les grandes civilisations orientales tendraient bien davantage à reconstituer leur puissance perdue qu'à construire un monde démocratique et pacifié. La conclusion de « politique réaliste » qu'en a déduite Huntington est de laisser chacune cultiver son propre jardin, si l'on veut éviter une nouvelle guerre mondiale.

Qui choisir : Fukuyama ou Huntington ? Les civilisations convergent-elles vers un modèle unique, celui de la « démocratie de marché », ou poursuivent-elles chacune une trajectoire singulière ? Il est tentant de répondre : ni l'un ni l'autre. À voir les pays émergents emprunter aujourd'hui la voie qui fut celle de l'Europe au cours des cinq derniers siècles, une troisième hypothèse vient à l'esprit : celle d'un retour des risques que l'Europe a dû affronter, leur résolution pacifique n'étant que l'une des possibilités ouvertes aujourd'hui. L'autre est la répétition de la même séquence de guerres et de déchirements[2]...

Le marché et la démocratie

Commençons par les idées de Fukuyama. Les massacres de Yougoslavie, du Rwanda, les pogroms antimusulmans qui ont sévi en Inde dans le Gujarat ont rapidement douché les espoirs de paix universelle anticipés dans la fièvre de la

1. Samuel Huntington, *Le Choc des civilisations*, trad. française, Paris, Odile Jacob, 2000.

2. Fukuyama a souvent répondu à ses critiques qu'il n'ignorait pas les risques du monde actuel, mais que le problème qu'il étudiait était celui des modèles politiques disponibles. Reste que la question importante est bien celle de savoir si ce modèle a valeur prédictive pour dessiner l'avenir.

chute du mur. Comme le dit Arjun Appadurai, cette violence a manifesté « un surplus de fureur, un excès de haine qui suscite des formes inouïes de dégradation et de viol, tant du corps que de l'être même de la victime : corps torturés et mutilés, personnes brûlées et violées, femmes éviscérées, enfants amputés à coups de machette, humiliations sexuelles de toute nature[1] ».

Dans son livre *Le Monde en feu*, qui connut un grand succès aux États-Unis, la juriste d'origine sino-philippine Amy Chua donne un témoignage personnel poignant, celui du meurtre de sa tante Leona, assassinée en 1994 par son chauffeur philippin[2]. Le motif choisi par la police pour caractériser le meurtre a été : « la vengeance ». La famille d'Amy Chua appartient à la minorité prospère des Chinois émigrés. Aux Philippines, elle représente 3 % de la population et 60 % des richesses. En Indonésie, les chiffres sont à peu près équivalents. Comme aux Philippines, les Chinois y dominent le commerce et l'industrie. En 1998, à Djakarta, des foules en délire incendièrent et pillèrent des centaines de maisons et de boutiques chinoises, faisant plus de 2 000 morts. « L'un des survivants [une jeune Chinoise de quatorze ans] se suicida en ingérant de la mort aux rats. Elle avait été victime d'un viol collectif et d'une mutilation sous les yeux de ses parents. »

Le propos du livre d'Amy Chua découle de cette expérience traumatisante. Partout où il existe des minorités économiquement dominantes, explique-t-elle, le mélange d'une économie de marché et de la démocratie forme un cocktail explosif. « La concurrence électorale désigne la minorité honnie comme objet de haine aux yeux de ceux auxquels *la nation appartient vraiment.* »

1. Arjun Appadurai, *Géographie de la colère*, trad. française, Paris, Payot, 2007.

2. Amy Chua, *Le Monde en feu*, trad. française, Paris, Le Seuil, 2007.

Amy Chua souligne le problème des minorités riches. Mais il est exactement identique lorsque les minorités sont pauvres. Comme le résume parfaitement Arjun Appadurai, les minorités, quand elles sont désignées à la vindicte populaire, sont toujours coupables : « Quand elles sont riches, elles soulèvent le spectre de la mondialisation des élites. Quand elles sont pauvres, elles sont les symboles commodes de l'échec du pays. » Les minorités pauvres souffrent deux fois. L'exclusion culturelle se double de l'exclusion économique. Au Mexique, par exemple, 81 % des populations autochtones ont des revenus inférieurs au seuil de pauvreté, contre 18 % de la population générale. Au Népal, le taux de mortalité des enfants de moins de cinq ans dans les basses castes dépasse les 17 %, alors qu'il n'est que d'environ 7 % pour les Newar et les brahmanes. 30 % des enfants roms en Serbie-Monténégro ne sont jamais allés à l'école primaire. Les hommes et les enfants noirs de São Paulo, au Brésil, ne gagnent que la moitié des salaires des Blancs. Et les exemples pourraient être multipliés qui montrent comment le cercle vicieux de la stigmatisation et de l'exclusion économique se met en place.

Selon un rapport publié par le Programme des Nations unies pour le développement (PNUD) intitulé « La liberté culturelle dans un monde diversifié », près de un milliard d'individus appartiennent à des groupes victimes d'une forme ou l'autre d'exclusion ethnique, religieuse ou plus généralement « culturelle ». Plus de cent cinquante pays comptent des groupes minoritaires représentant au moins 10 % de la population ; pour cent pays, ces minorités comptent plus de 25 % de la population. Et le rapport de lancer un appel passionné à la défense de la liberté culturelle : « Les individus, écrit-il, veulent être libres de prendre part à la société sans avoir à se détacher des liens culturels qu'ils ont choisis, sans crainte du ridicule, du châtiment ou de l'amoindrissement de leurs chances. »

Cette aspiration à la reconnaissance de leurs droits a été, hélas, l'un des éléments déclencheurs des drames apparus dans les années quatre-vingt-dix. Comme le dit également Arjun Appadurai, la promesse de la démocratie qui a suivi la chute du mur de Berlin a incité les minorités exploitées à exiger une protection de leurs droits culturels, alors même que la poussée de l'économie de marché entraînait dans une solitude inédite les nouvelles couches happées par les grands flux du commerce mondial. C'est, selon lui, ce cocktail explosif qui a éclaté dans les années quatre-vingt-dix. Par l'autre bout de la société, son raisonnement retrouve celui d'Amy Chua. Le mariage démocratie et économie de marché n'est pas toujours brillant. Pour réussir, il faut préalablement que les deux fiancés s'entendent, qu'ils s'accordent... C'est ce qu'on appelle le problème de former une « nation ».

La nation

Comme le dit Hannah Arendt, en résumé de son enquête au long cours, *Les Origines du totalitarisme*[1], la nation est le talon d'Achille des sociétés modernes. Idéalement, elle désigne une communauté politique qui abolit les différences entre ses membres, en leur conférant des droits et des devoirs égaux[2]. Mais lorsque l'État est en crise, ou tout simplement à la

1. Rééd. Le Seuil, coll. « Points », 2005.

2. Telle sera l'interprétation qu'en donnera la Révolution française laquelle, à la différence de la Révolution anglaise de 1688, instaurera l'idée d'une égalité de droits et de devoirs de l'ensemble des citoyens. Dans le cas anglais, ces droits resteront longtemps confinés à une élite, traitant de puissance à puissance avec le roi.

peine, la nation se réduit alors à la fiction de sa pureté ethnique. Et tous les drames deviennent possibles. Comme le montre aussi l'historien britannique Ian Kershaw[1], le nazisme s'est ainsi nourri « de la vision millénariste et pseudo-religieuse du "renouveau national", incarnée dans l'idée de "communauté nationale" (*Volksgemeinschaft*), prônant le dépassement des divisions politiques, religieuses et de classes par la création d'une nouvelle entité ethnique fondée sur les "vraies" valeurs allemandes[2] ».

Hannah Arendt et Ian Kershaw cherchent à comprendre les origines du nazisme, mais leur propos est universel. René Girard a parfaitement décrit la manière dont une société qui n'arrive plus à se comprendre a besoin de recourir à la violence contre des minorités « indésirables », laquelle permet à la majorité de savoir qui elle est, par défaut, en éliminant ce qu'elle n'est pas. Comme Girard le montre dans la métaphore du bouc émissaire, ce ne sont pas les minorités qui déclenchent la violence. C'est exactement le contraire, c'est la violence qui les fabrique.

Dans les régions les plus pauvres du monde, en Afrique notamment, nombre de pays ne sont tout simplement pas

1. Ian Kershaw, *op. cit.*

2. Ian Kershaw ajoute qu'une fois au pouvoir, les nazis ne changeront guère les règles du jeu social : « Les chasses gardées, telles que la grande industrie, la fonction publique et l'armée ont continué de recruter la plupart de leurs cadres dirigeants dans les mêmes couches sociales qu'avant 1933. » Ainsi s'explique aussi le surcroît de violence engendrée contre les minorités : « La déception de bien des aspirations sociales sous le IIIe Reich a été compensée, jusqu'à un certain point, par la canalisation des énergies dans un activisme contre les minorités impuissantes et avilies, contre les parias exclus, pour des raisons sociales ou raciales, de la "communauté nationale" », *in* « Qu'est-ce que le nazisme ?», *op. cit.*

encore parvenus au point où le monopole de la violence est reconnu à l'État. Comme le dit l'économiste Paul Collier, la référence qui permet de comprendre leur destin est celle du XIVe siècle européen : lorsque la peste (sous les traits modernes du sida), la guerre et la faim formaient l'ordinaire de la vie quotidienne[1]. Dans les pays ravagés par les guerres civiles, un phénomène que Collier caractérise comme du « développement à l'envers », la construction de l'État moderne, faisant reculer les féodalités et pacifiant son espace intérieur, n'a pas encore commencé. Il lui manque le long travail d'éradication de la violence qui a été mené en Europe sur plusieurs siècles.

La trajectoire divergente des États nés aux lendemains de la colonisation européenne éclaire également cette question essentielle. Quelle différence y a-t-il entre le Mexique et les États-Unis, entre l'Afrique du Sud et la Nouvelle-Zélande ? Pourquoi les uns sont-ils pauvres, tard venus à la démocratie, et les autres prospères et démocratiques ? En réponse à ces questions, Daron Acemoglu et ses coauteurs ont proposé une théorie étonnante, que ne renierait pas René Girard[2]. Selon leur analyse, c'est simple : là où les Européens ont exterminé les « Indiens », les pays sont aujourd'hui riches. Et là où, à l'inverse, les colonisateurs sont restés minoritaires, les pays sont pauvres ! Acemoglu et ses coauteurs montrent ainsi qu'il existe un lien statistique très significatif entre la morbidité des colons et la richesse actuelle. Comment comprendre ce résultat étonnant ?

1. Paul Collier, *The Bottom Billion*, Oxford et New York, Oxford University Press, 2007.

2. Daron Acemoglu, Simon Johnson et James A. Robinson, « The Colonial Origins of Comparative Development: An Empirical Investigation », *American Economic Review,* 91(5), 2001, p. 1369-1401.

Leur argument n'a rien à voir avec une quelconque supériorité des Européens sur les populations locales. Un autre mécanisme est à l'œuvre. Là où les Européens sont restés une minorité, ils n'ont nullement cherché à fabriquer un État moderne, comptable de la sécurité des personnes et de la propriété des biens. Ce qui les intéressait, c'était d'exploiter les populations locales, au mépris précisément de ces droits. À l'inverse, lorsque les Blancs sont « restés entre eux », ils ont alors importé, clés en main, les institutions de leur pays d'origine, l'Angleterre, hâtant la formation d'un État moderne.

Ces observations témoignent d'un phénomène sous-jacent profond. La croissance économique moderne a besoin de s'appuyer sur le cadre moderne des États-nations. Pour produire des richesses il faut, à peu près à part égale, du capital (les machines), du capital humain (éducation, santé publique) et des institutions efficaces (des marchés organisés et une justice impartiale...). Or deux sur trois de ces termes (le capital humain et les institutions) sont produits par l'État. Ils constituent ce que les économistes appellent les infrastructures sociales de la nation. Elles dépendent du fait que l'État soit tout simplement garant du « bien public » sans lequel la réussite individuelle est impossible. La réussite japonaise, copiée partout en Asie, tient précisément à la capacité du pays de se doter de ces biens publics fondamentaux que sont l'école, la santé publique, la justice, le territoire. Ce sont ces facteurs qui restent tragiquement absents des pays à la périphérie de la mondialisation, ceux que Paul Collier caractérise comme « le milliard du bas ». C'est un groupe, toujours enfermé dans le piège démographique, dont la population atteindra deux milliards en 2050...

Paul Collier parle d'un piège de pauvreté pour caractériser la situation des pays les plus pauvres. Un État faible empêche le développement économique, et en retour la pauvreté bride l'émergence d'un État fort. Ce piège politico-économique est un exemple qui illustre une règle plus générale. Économie et politique sont liées entre elles, mais par nécessité davantage que par une véritable harmonie. Une économie en déclin signe fatalement la décadence du régime politique qu'elle soutient, tout comme un État politiquement faible empêche le développement économique. De même, et en sens inverse, une économie en croissance aide l'État à accomplir ses projets, qu'il s'agisse de visées expansionnistes ou sociales, et un État fort, pourvu qu'il ne soit pas trop menaçant, est un facteur de croissance.

Rien n'est pourtant figé de manière immuable. Le phénomène le plus marquant du XXIe siècle naissant, la conversion de l'Inde et de la Chine au capitalisme-monde, s'est produit sans aucune rupture institutionnelle notable. Quelques réformes ont suffi pour orienter le dynamisme longtemps étouffé de ces deux sociétés sur la voie d'une croissance rapide (jusqu'à ce que la crise des subprimes ne vienne la remettre en question[1]). Mais rien ne garantit pour autant que cette conversion soit durable. La prudence s'impose sur le terme de ces transformations. Comme le dit très bien Albert Hirschman, plutôt que de se convaincre que le développement économique entraîne inéluctablement le développement politique, mieux vaut reconnaître que

1. Cette observation a été faite par Edward Glaeser, Rafael La Porta, Florencio Lopez de Silanes et Andrei Shleifer, « Do Institutions Cause Growth? », *Journal of Economic Growth*, 2004, v. 9(3), p. 271-303. L'article, écrit en réponse à l'analyse d'Acemoglu *et al.*, montre que le legs institutionnel est beaucoup plus erratique que prévu. L'opportunisme politique des dirigeants joue un rôle tout aussi essentiel.

« l'incidence politique du développement économique est essentiellement ambivalente, et que son action s'exerce simultanément dans les deux sens », secouée par des phases d'expansion et de contraction.

La critique de l'Occident

Reprenons à présent les thèses d'Huntington. Selon celui-ci, les vieilles civilisations du monde ne convergent nullement l'une vers l'autre. Chacune persévère dans son être propre. Sous le voile d'une société de consommation partagée, ce sont des systèmes de valeurs antagoniques qui menacent de s'affronter. Parmi les nombreuses critiques que cette théorie a essuyées, l'une des plus convaincantes a été formulée par ceux qui ont souligné combien le rejet par l'Orient des valeurs occidentales n'avait en fait rien de très original, ayant été souvent formulé déjà... en Occident même. Comme le montrent brillamment Ian Buruma et Avishai Margalit dans leur livre *L'Occidentalisme*, cette critique a en effet traversé tout le XIXe siècle et la première moitié du XXe siècle européen[1]. Presque dès l'origine, la vision de l'histoire humaine proposée par les Lumières a été critiquée par le romantisme allemand. Alors que les penseurs des Lumières avaient une vision optimiste de l'histoire de l'humanité qu'ils voyaient comme une progression linéaire vers un monde meilleur et plus rationnel, les romantiques

1. Ian Buruma et Avishai Margalit, *L'Occidentalisme*, trad. française, Paris, Climats, 2006.

vont proposer une autre approche, guidée par une nouvelle séquence : celle de « l'innocence, de la chute et de la rédemption ». Dès le XIXe siècle, le déclin de l'Occident devient un thème majeur de la littérature occidentale.

La critique romantique du monde moderne vise la prétention de la science à gouverner les peuples, alors qu'elle est incapable de comprendre la souffrance de l'âme humaine. La science est dénoncée comme une pensée sans sagesse. Elle crée un monde déshumanisant, désenchanté par la disparition de la religion, reléguée au rang de superstition. Tourgueniev caricature son héros, Bazarov, dans *Pères et fils*, comme un adepte fanatique du scientisme, un utilitariste convaincu. Flaubert fait de même avec le pharmacien Homais.

Un autre versant des critiques contre le monde moderne s'entend aussi chez Marx, lorsqu'il reproche à la bourgeoisie d'avoir « noyé l'héroïsme dans les eaux glacées des calculs égoïstes ». Ce que Sombart, Oswald, Spengler, Jünger et autres intellectuels allemands du début du XXe siècle vont mépriser au plus haut point, c'est la lâcheté bourgeoise qui consiste à s'accrocher à la vie, à ne pas vouloir mourir pour des idées. Sombart utilise le terme de *konfortismus* pour décrire la mentalité bourgeoise. Heidegger part en guerre contre l'*Amérikanismus*, qui vide selon lui l'âme européenne. L'image du bourgeois paisible devient celle d'un lâche, aux antipodes du héros prêt à sacrifier sa vie. L'Occident est médiocre car il donne à chacun la possibilité d'être médiocre, selon l'écrivain nationaliste allemand Arthur Moeller van der Bruch. L'Occident est une menace car il diminue la valeur de toute utopie.

Dans le cas allemand, le ressentiment à l'égard de la France perce aussi. Le mouvement romantique y est en partie, selon Isaiah Berlin, une réaction antifrançaise. La sensibilité nationale a été blessée par la conviction que la nation avait été horriblement humiliée par les armées napoléoniennes. L'enthousiasme de Frédéric le Grand au XVIIIe siècle pour la culture française, sa manie de tout vouloir importer de France, ne firent qu'aggraver le ressentiment allemand.

Le cas de Frédéric II n'est pas isolé. Souvent, des réformateurs veulent importer le modèle occidental, avant de découvrir que le peuple ne suit pas. Pierre le Grand exigea que la noblesse terrienne, les boyards, se rase la barbe. Il imposa ensuite aux prêtres de prononcer des sermons sur les vertus de la raison. Kemal Atatürk, arrivé au pouvoir en 1923, veut adopter les technologies et les codes (vestimentaires et capillaires) de l'Occident. Il interdit le voile, comme le fera aussi le Shah d'Iran. Dans les villes, Reza Shah (le père de celui qui fut déposé par Khomeiny) fait patrouiller l'armée pour obliger les femmes à retirer leur voile, parfois sous la menace d'une arme, et contraint les dignitaires religieux à ôter leur turban[1].

Le renouveau de l'islam politique peut s'interpréter comme la conséquence de cette modernisation à marche forcée, portée par des régimes totalitaires. Le mouvement révolutionnaire islamiste n'aurait jamais vu le jour sans le sécularisme brutal de Reza Shah Pahlavi ou les expériences ratées de socialisme d'État en Égypte, Syrie et Algérie. Comme l'expliquera Albert Memmi dans un livre prémonitoire écrit en 1957 et qui anticipe parfaitement cette évolu-

1. L'idéologie baassiste des gouvernements syriens et irakiens élaborée au cours des années trente et quarante est elle-même une synthèse de fascisme et de nostalgie romantique pour une communauté arabe organique. Sak Husri, l'un des inspirateurs du mouvement, avait étudié attentivement les penseurs romantiques allemands tels que Fichte ou Herder qui luttaient contre l'esprit français des Lumières en lui opposant le concept de « nation populaire et organique enracinée dans le sang et la terre ».

tion, les dictatures proche-orientales n'ont laissé à leur peuple que la religion comme lieu de contestation, espace qui fut vite occupé[1].

L'islamisme politique est l'expression d'un rejet qui ne signe nullement « le choc des civilisations ». Toutes les civilisations, Occident en tête, ont alimenté, et continuent de le faire, une opposition à la modernisation. Au Japon, sous l'ère Meiji à la fin du XIXe siècle, les samouraïs vont troquer leurs kimonos pour des habits noirs et des chapeaux haut de forme. Ils se sont fait un devoir de détruire les temples bouddhistes et de transformer leur pays au nom du Progrès, de la Science et des Lumières. Mais pendant ce temps, les paysans japonais vont s'installer en ville dans des conditions de misère dignes de Dickens, où, selon Buruma et Margalit, « il leur fallut parfois vendre leurs sœurs aux bordels des grandes villes ». Au Japon comme en Allemagne, un même ressentiment contre l'intrusion du monde moderne nourrit la montée des extrêmes et sera l'aliment de la Seconde Guerre mondiale.

L'éternel retour de la violence

L'histoire européenne et japonaise montre qu'il ne suffit pas d'attendre que « ça passe », comme une rage de dents ou une crise d'adolescence, pour que la transition du monde rural au monde industriel se fasse dans le confort douillet de la démocratie et de l'économie de marché. Bien souvent, c'est la violence elle-même, lorsqu'elle atteint son paroxysme, qui est le vecteur de cette transition.

1. Albert Memmi, *Portrait du colonisé*, préface de Jean-Paul Sartre, Paris, Gallimard, 1957.

En Europe, la violence commence à baisser après les tueries des guerres de Religion des XVIe et XVIIe siècles. C'est après les atrocités commises durant la guerre de Trente Ans, qui s'achève en 1648, que l'État commence à acquérir le monopole de la violence légitime. Mais ce premier moment n'est qu'une étape. Le cas européen montre les chemins sinueux que la violence peut emprunter. Lorsqu'elle reflue sur un front, c'est pour se déplacer sur un autre. Tout au long du XIXe siècle, à mesure que sont cadenassées les atteintes aux personnes ou aux biens, la violence migre vers l'espace privé, celui de la violence conjugale. Les hommes, devenant moins agressifs entre eux, paraissent s'attaquer plus souvent à des femmes ou des enfants. Les abus charnels à l'encontre des mineurs ne cessent de progresser, exactement à l'inverse de la criminalité générale. Désormais exclue de l'espace public, la violence se déplace vers les foyers. Et les tribunaux français restent longtemps compréhensifs pour ceux qui tuent par « amour, jalousie ou désarroi ». Il faut attendre les années 1880, pour que des dénonciations croissantes visant le viol des petites filles, l'inceste, les sévices envers les mineures soient enfin observées.

La seule violence légitime à la disposition de la société est alors celle des guerres. « Paradoxe éclatant, conclut ainsi Muchembled, au début du XXe siècle, la violence est devenue inacceptable pour ceux qui s'estiment civilisés, alors que se préparent les terribles boucheries humaines de 1914-1918. Celles-ci traduiraient-elles un formidable retour du refoulé[1] ? »

Selon Muchembled, il existe toutefois une troisième zone où la violence peut venir se nicher, entre la violence privée

1. Robert Muchembled, *op. cit.*

et la violence publique : celle de l'imaginaire. Alors que la délinquance notamment urbaine se réduit, les plus importantes métropoles européennes sont taraudées par la peur des « classes dangereuses ». À mesure que la violence décroît, elle fait de plus en plus peur. La lecture des « romans noirs » devient le moyen d'exorciser ses angoisses. Dès le milieu du XVIIIe siècle, assassins et voleurs composent « une armée d'ombres sauvages » qui occupe les cauchemars et les lectures d'un nouveau public citadin. Le sang fait vendre de l'encre et du papier. Les héros qui incarnent le mal et la mort se nomment Tenebras ou Zigomar. Ils sont traqués par des Sherlock Holmes et autres Rouletabille. Fantômas, le « génie du mal », commence sa carrière à partir de 1911. Dans l'ensemble de la série, qui se poursuit jusqu'en 1963, avec *Fantômas mène le bal*, il n'est question que d'agressions et de blessures décrites en détail, d'enlèvements et de séquestrations, d'homicides commis pour des raisons crapuleuses, par vengeance ou orgueil. En tout, on compte 552 méfaits…

Ce sont ces différents niveaux de violence qui sont à l'œuvre aujourd'hui, simultanément, dans le monde. Les violences contre les Tutsis, les Bosniaques, les musulmans du Gujarat traduisent les pathologies de nations inquiètes, qui puisent leur force dans des mécanismes décrits par René Girard : il faut tuer l'autre pour exister soi-même et, ce qui est un comble, pour exister comme membre d'une communauté, à l'image de la violence produite durant les guerres de Religion européennes.

À ces risques de recrudescence des crimes de haine, il faut ajouter ceux qui naissent des risques plus ordinaires de la violence légitime, celle des États entre eux. La liste est bien connue des points chauds du globe où ce phénomène est patent : sur la frontière entre l'Inde et le Pakistan, dans la mer intérieure qui sépare la Chine et le Japon, entre la

Russie et la Géorgie et ses autres voisins… Aux quatre coins du globe survivent encore des conflits entre une nation agressive, souvent un vieil empire, et ses voisins dont l'indépendance agace l'ancien maître, parce qu'elle met aussi en péril son équilibre intérieur.

Le troisième étage de la violence est celui de l'imaginaire, aujourd'hui celui de la violence postmoderne : celle qui se loge dans le champ du virtuel, dans les films d'horreur ou les jeux vidéo, que l'on trouve désormais partout, mais principalement dans les pays riches. C'est la violence du XXIe siècle. L'attentat contre les tours jumelles en est à cet égard le parfait exemple. Filmé par les caméras du monde entier, il vise l'imaginaire collectif bien davantage que les biens ou la puissance matérielle des États-Unis. Les Tenebras et les Zigomar changent de nom et de registre, mais l'effet recherché reste le même.

XIII.

Le krach écologique

La planète encombrée

L'industrialisation du monde bouleverse les règles qui prévalaient lorsqu'elle était limitée aux seuls pays occidentaux et au Japon. Une menace nouvelle vient planer au-dessus des nations : celle qui pèse sur la planète elle-même, dernier bien commun dont les hommes découvrent progressivement qu'elle est menacée. C'est sur ce terrain que les risques de suicide collectif sont désormais déplacés.

Les pays émergents empruntent les chemins qui furent ceux de l'Occident car ils entendent profiter à leur tour des promesses de la croissance économique moderne. En moyenne, ce processus de convergence est bel et bien en cours, notamment en Asie. En extrapolant les tendances actuelles, les pays émergents pourraient atteindre, d'ici 2050, un niveau de développement moyen de 40 000 dollars par tête, soit, environ, le niveau des États-Unis en 2005. Une telle croissance permettrait aux pays émergents de multiplier par quatre leur revenu par habitant. À supposer que le revenu des pays riches continue de croître aussi aux rythmes actuels, les pays pauvres passeraient d'un écart moyen de 1 à 5 à un écart de 1 à 2,5. En tenant compte de la hausse de la population mondiale, qui devrait progresser de 6 à 9 milliards d'habitants, la richesse sortie des entrailles du monde serait alors multipliée par un facteur 6, passant de 70 000 milliards de dollars en 2005 à 420 000 milliards en 2050. Telle est aussi l'augmentation de l'empreinte écologique que l'humanité va infliger à la planète[1].

Rien ne préparait la terre à un tel bouleversement. Jusqu'au XVIIIe siècle, l'humanité a dépendu du soleil et plus modestement de l'eau et du vent comme source d'énergie. Tout change ensuite. Paul Crutzen, prix Nobel de chimie, résume l'évolution en cours comme l'émergence de l'« anthropocène » : le passage d'un monde dominé par la nature à un monde dominé par l'homme. Un chiffre résume la signification de ce terme. Au moment où l'agriculture s'est développée, les êtres humains, leurs troupeaux et autres animaux domestiques représentaient moins de 0,1 % du total des vertébrés. Aujourd'hui, ils en représentent 98 %.

La mondialisation marque une nouvelle rupture dans l'échelle des problèmes créés par l'homme. Le seul fait de la croissance chinoise bouleverse l'équilibre entre l'offre et la demande de ressources naturelles. Pour les cinq matières premières de base que sont les céréales, la viande, le pétrole, le charbon et l'acier, la Chine est quatre fois en tête de la consommation mondiale, la seule exception restant, provisoirement, le pétrole où elle reste dépassée par les États-Unis. La Chine, en 2005, consomme 380 millions de tonnes de céréales, contre 260 pour les États-Unis. Elle devance les États-Unis pour le blé et le riz, et n'arrive derrière eux que pour le maïs. La consommation chinoise d'acier est presque deux fois supérieure à la consommation américaine (258 millions de tonnes, contre 104). Dans le domaine des biens de consommation modernes, la Chine est

1. Je reprends ici les chiffres et le raisonnement proposés par Jeff Sachs dans *Commonwealth*, New York, Penguin, 2008.

en première place pour ce qui concerne aussi les téléphones portables, les téléviseurs et les réfrigérateurs. Les États-Unis restent leaders pour les automobiles et les ordinateurs, mais plus pour très longtemps.

Si la Chine devait se caler sur les habitudes de consommation américaines, elle pourrait consommer, dès 2030, les deux tiers du niveau de production mondiale de céréales telle qu'elle est disponible aujourd'hui. Si sa consommation de papier rejoignait celle des États-Unis, elle en consommerait 305 millions de tonnes : de quoi engloutir l'ensemble des forêts de la planète ! Comme le résume Lester Brown : « Le modèle économique occidental est inapplicable à une population de 1,45 milliard de Chinois (en 2030). » Et pas davantage évidemment à l'Inde dont la population sera à cette date supérieure à celle de la Chine[1].

Si les Chinois devaient un jour posséder, à l'exemple américain, trois véhicules pour quatre habitants, les infrastructures nécessaires en termes de réseaux routiers ou de parkings dépasseraient la superficie aujourd'hui consacrée à la culture du riz[2]. Elle pourrait alors consommer 99 millions de barils par jour. Or la production mondiale est actuellement de 84 millions de barils par jour, et elle ne devrait pas tarder à se réduire. Alors que les réserves prouvées ont doublé entre 1980 et 2000, elles tendent à baisser depuis, les

1. Lester Brown, *Le Plan B*, trad. française, Paris, Hachette Littératures, coll. « Pluriel », 2007.

2. L'une des causes des problèmes alimentaires du monde tient au fait que désormais la nourriture et le carburant sont en compétition pour les terres arables. Entre 2000 et 2005, la production mondiale d'éthanol est passée de 14 à 37 millions de tonnes. Le Brésil couvre 40 % de ses besoins en éthanol, à partir de la canne à sucre. Ce qui est évidemment ridicule est que cette industrie soit subventionnée par les gouvernements.

découvertes de nouveaux champs étant désormais inférieures à la production annuelle[1]. Parmi les vingt-trois pays producteurs, quinze ont déjà atteint leur « pic de production », ce qui signifie que leur production annuelle a déjà commencé à décliner.

Le réchauffement climatique

Il s'agit là de la plus célèbre et de la plus inquiétante manifestation des effets de l'industrialisation du monde sur le destin de la planète. Onze des douze plus chaudes années jamais recensées ont eu lieu entre 1995 et 2006. Ce réchauffement se traduit par une hausse significative des épisodes de sécheresse, des ouragans extrêmes tel Katrina qui a englouti La Nouvelle-Orléans, ou des canicules comme celle de 2003 qui a causé la mort de 38 000 personnes en Europe. La liste est longue des conséquences du réchauffement : hausse du niveau de la mer, destruction des espèces tels les ours polaires, transmission des maladies à certaines régions, comme les hauts plateaux africains, qui en étaient protégées par un climat tempéré, désertification accrue, raréfaction des eaux disponibles combinée à la menace de forte accélération de la fonte des glaciers et de déluges nouveaux... Tous ces bouleversements découlent du réchauffement climatique, lui-même lié à l'émission des gaz à effets de serre.

Les gaz à effets de serre (le CO_2, la vapeur d'eau, le méthane) ont la propriété étonnante suivante : ils laissent passer les ultraviolets (à fréquence courte) émis par le soleil,

1. En 2005, la production mondiale s'est établie à 30,5 milliards de barils. La découverte de nouveaux gisements s'est limitée à 7,5 milliards.

qui traversent l'atmosphère et réchauffent la terre[1]. Mais ils bloquent les infrarouges (à fréquences longues) qui sont émis par la terre. Ils laissent donc entrer la radiation solaire, mais piègent la chaleur qui en résulte, comme dans une serre.

La combustion des carburants fossiles et la déforestation ont accru la concentration de CO_2 dans l'atmosphère de 280 ppm (parties par millions) au début de l'ère industrielle à 388 ppm aujourd'hui. Depuis 1850, la température a augmenté en moyenne de 0,8° centigrade. Même si l'on arrêtait totalement, aujourd'hui, l'émission de CO_2, la température devrait continuer de croître de 0,5°, car le réchauffement des océans se fait avec retard.

Les implications du réchauffement climatique ont été étudiées en détail par le rapport Stern, écrit à la demande du gouvernement britannique, et par le Groupe d'experts intergouvernemental sur l'évolution du climat (GIEC)[2]. Selon ces rapports, si l'on s'en tient à extrapoler les tendances passées, la concentration de CO_2 pourrait croître de 388 ppm à 560 ppm à la fin du XXIe siècle. Le doublement du CO_2

1. L'équation chimique du réchauffement climatique est elle-même relativement simple. Un carburant fossile est constitué de carbone et d'hydrogène dans des proportions variables. Le charbon est surtout constitué de carbone, avec un peu d'hydrogène : c'est le fossile le plus dangereux du point de vue du réchauffement. Le pétrole est essentiellement constitué de CH_2, une molécule de carbone pour deux molécules d'hydrogène. Le gaz naturel est formé de CH_4. Quand un carburant fossile brûle, le carbone se combine avec l'oxygène pour former du CO_2, du gaz carbonique, tandis que l'hydrogène se combine avec l'oxygène pour former de l'H_2O, de l'eau. Brûler un arbre produit à peu près le même effet.

2. L'Organisation météorologique mondiale (OMM) et le Programme des Nations unies pour l'environnement (PNUE) ont créé, en 1988, le Groupe d'experts intergouvernemental sur l'évolution du climat (GIEC), dont peuvent faire partie tous les membres de l'ONU et de l'OMM. Le quatrième rapport, remis en 2007, discute en profondeur des causes du réchauffement climatique et des remèdes.

est considéré comme la limite extrême du risque acceptable. Au-delà de ce seuil, tous les dérèglements sont possibles. Or l'évolution probable devrait être beaucoup plus rapide que celle qui résulte de la simple extrapolation. L'entrée de la Chine et l'Inde dans le monde industriel promet d'atteindre le seuil critique de 560 ppm non pas à la fin du XXIe siècle, mais dès 2050. De plus, un nombre complexe de facteurs s'ajouteront aux émissions nouvelles de CO_2. Lorsque les glaces de la toundra vont fondre, il est possible que soient libérées de nouvelles quantités de CO_2. Le réchauffement des océans pourrait également libérer le CO_2 et le méthane qui sont aujourd'hui emprisonnés dans les mers. La fonte des glaciers réduit aussi le réfléchissement du soleil et contribue directement au réchauffement.

Autres fléaux

La disparition des espèces est l'autre versant de l'anthropocène. Les écologistes mettent en garde contre ce qu'ils appellent la sixième grande extinction des espèces. Les cinq premiers épisodes sont dus aux immenses ruptures induites par les variations de l'orbite planétaire, les irruptions volcaniques, ou, plus précocement encore, par la chute d'astéroïdes. Près d'un quart des espèces d'oiseaux ont disparu de la planète au cours des deux derniers millénaires. Pour ne prendre qu'un exemple, deux tiers des principales ressources en poissons sont déjà « totalement exploitées, surexploitées ou en voie de disparition ».

L'eau est l'autre grand problème du XXIe siècle[1]. L'écologie des premières sociétés agricoles est souvent liée à l'exis-

1. Erik Orsenna lui consacre un livre éclairant : *L'Avenir de l'eau. Petit précis de mondialisation, 2*, Paris, Fayard, 2008.

tence d'un fleuve tels que le Nil, le Tigre et l'Euphrate, le Gange ou le Yang-tse. La proximité des fleuves permet d'irriguer les sols, de profiter des arbres pour se chauffer et se loger. Or nombre de ces grands fleuves n'atteignent plus aujourd'hui la mer, ou voient leur débit se réduire dramatiquement pendant l'été. Le Nil ou le Gange sont ainsi réduits à des filets d'eau au cours des saisons sèches. Le débit du Nil est pratiquement nul lorsque le fleuve atteint la Méditerranée. Si le Soudan et l'Éthiopie décidaient d'augmenter leur consommation, le conflit avec l'Égypte serait inéluctable. Le même problème se pose dans le cas du Tigre et de l'Euphrate : les larges barrages construits en Turquie et en Irak ont réduit le débit de l'antique « croissant fertile », contribuant à la destruction de 90 % de la zone humide autrefois très vaste qui constituait la richesse de la région du delta des deux fleuves.

L'eau est reproductible grâce à son cycle naturel (évaporation et condensation), ou bien provient de nappes fossiles, enfouies dans les sols. Ces ressources fossiles s'épuisent rapidement. L'écrasante majorité des 3 milliards de personnes qui vont naître d'ici à 2050 viendront habiter des pays où les nappes phréatiques sont en surexploitation. Déjà, les villages du nord-ouest de l'Inde sont abandonnés. Des milliers de villageois du nord et de l'ouest de la Chine, et également de certaines régions du Mexique, sont poussés à l'exil par manque d'eau. En Chine, selon Lester Brown, « les ressources en eau situées sous la plaine du Nord, qui produit plus de la moitié du blé du pays et un tiers de son maïs, s'épuisent bien plus rapidement que prévu ». La baisse des récoltes de blé et de riz chinoises serait directement liée à cette pénurie croissante.

En Inde aussi, les nappes phréatiques chutent rapidement. Dans le nord du Gujarat, la chute atteint vingt mètres d'eau par an. Selon Lester Brown : « Lorsque la bombe explosera, une anarchie sans nom s'abattra sur l'Inde rurale. » L'Inde devrait suivre le cheminement chinois : la production de blé et de riz baissera bientôt, les terres irriguées produisant les trois cinquièmes et les quatre cinquièmes de la production indienne et chinoise.

Un grand nombre d'agglomérations parmi les plus peuplées du monde est situé dans des bassins hydrographiques où toute l'eau disponible est prélevée. Des villes comme Mexico, Le Caire et Pékin ne peuvent augmenter leur consommation qu'en procédant à des prélèvements venant d'autres bassins, ou de ressources destinées à l'irrigation. Après la Chine et l'Inde, un second groupe de pays doit faire face à d'importants déficits : l'Algérie, l'Égypte, l'Iran, le Mexique et le Pakistan.

C'est dans un tel contexte que l'agriculture doit pourtant faire face à une énorme demande additionnelle. Celle-ci est liée aux 70 millions de personnes s'ajoutant annuellement à la population mondiale, et au désir de près de 5 milliards de personnes de consommer davantage de produits d'origine animale. Du côté des producteurs, les agriculteurs vont devoir faire face à une réduction des eaux d'irrigation, au réchauffement de la planète, à l'augmentation du prix des carburants. Entre 1950 et 1990, les rendements céréaliers avaient crû de 2,1 % l'an. Depuis ils ont baissé à 1,2 % l'an. L'Algérie, l'Égypte et le Mexique importent déjà l'essentiel de leurs céréales. La crise alimentaire observée en 2007, très provisoirement éteinte par la crise mondiale des subprimes, donne une mesure des immenses défis qui devront être relevés en ce domaine.

Que faire ?

Comment agir ? Quels moyens mettre en œuvre ? Qui doit les diriger ? Le diagnostic a déjà été souvent fait, en de nombreuses enceintes. Le problème réside aujourd'hui dans leur mise en œuvre. Il y a plus d'une décennie, la plupart des pays se sont joints à un traité international, la Convention-cadre des Nations unies sur les changements climatiques, en vue de « commencer à considérer ce qui pourrait être fait pour réduire le réchauffement global ». Une Convention sur la diversité biologique a également été signée pour faire face aux menaces qui pèsent sur la planète. Une convention sur la lutte contre la désertification a été instituée, pour aider les régions menacées comme le Darfour et le Soudan. En 1994, la conférence du Caire sur la population et le développement a fixé un plan d'action destiné à réduire la mortalité infantile et à maîtriser l'évolution démographique. Le plan en appelle à une politique volontaire en matière d'éducation, et de santé, incluant le planning familial et les mesures destinées à prévenir les maladies sexuellement transmissibles comme le sida.

La déclaration dite du millénaire vise à réduire de moitié, avant 2015, la pauvreté, la faim, la sous-éducation, et à améliorer la « soutenabilité environnementale ». Ces objectifs furent réaffirmés, lors de la conférence de Monterrey en

2002, au cours de laquelle fut pris l'engagement de doubler l'aide publique au développement. Malgré ces conventions, déclarations d'intention, diagnostics précis sur les problèmes et les moyens de les résoudre, le monde est spectaculairement en retard dans la mise en œuvre de ces feuilles de route.

Le traitement du problème de la couche d'ozone montre pourtant la vitesse à laquelle une opinion peut évoluer sur un sujet réputé délicat. À l'origine, une étude scientifique montre l'effet sur la couche d'ozone des gaz émis par les chlorofluorocarbones (CFC). Ils sont utilisés comme gaz réfrigérant et comme agent propulseur dans les aérosols. Le président de l'un des leaders du secteur, la firme DuPont, répond immédiatement que ce sont des idioties. Mais un peu plus tard, un satellite de la Nasa suscite une réaction unanime de l'opinion publique en montrant des clichés du trou grandissant au-dessus de l'Antarctique. Une convention a lieu la même année, et un protocole est rapidement signé, à Montréal. DuPont se rend compte qu'il existe des alternatives disponibles, et change à son tour brusquement d'avis. En 1990, des amendements sont ajoutés au protocole de Montréal. Sous l'influence de DuPont, ils sont plus contraignants que ceux initialement prévus !

Au-delà de cet exemple, pourtant encourageant, l'écart entre les intentions et les réalisations reste abyssal. La convention-cadre des Nations unies sur les changements climatiques a été adoptée en 1992 (par Bush père et ratifié ensuite par le Sénat américain). Le protocole de Kyoto, adopté en 1997 pour la période allant jusqu'en 2012, prévoyait que les pays riches réduisent de 8 % l'émission de leurs gaz à effets de serre. Le Congrès américain a refusé alors de le ratifier, malgré la signature du président Clinton. L'administration Bush fils l'a ensuite totalement abandonné. L'administration Obama semble décidée à renforcer l'engagement américain sur ce terrain. Mais une décennie a été perdue !

Une nouvelle révolution industrielle

Le débat met souvent face à face les partisans de la croissance et ceux de la décroissance. Si la croissance est le mécanisme qui permet de produire à moindre coût des biens donnés, ou de créer des biens nouveaux qui améliorent la vie humaine, elle apparaît davantage comme la solution que le problème. Encore faut-il qu'elle soit dirigée sur un sentier socialement utile plutôt que futile. Or l'un des malentendus sur la croissance moderne est le suivant : elle améliore constamment la productivité industrielle, ce qui réduit le nombre d'heures nécessaires à la production d'objets, et par conséquent leurs prix. Mais le volume d'objets ne décroît nullement. Leur prix est plus faible, ce faisant, leur nombre continue d'augmenter à des rythmes rapides. Le prix toujours réduit explique l'essor d'une « économie du jetable ». On avait jadis une montre pour toute sa vie. On en change avec la couleur de ses chemises. Tout comme les appareils électroniques bon marché, donnés en cadeau pour l'achat d'un magazine, et qu'on n'ouvre même pas.

Or « cette économie du jetable est sur une trajectoire de collision frontale avec les limites géologiques de la planète[1] ». Les coûts d'évacuation des déchets hors des zones urbaines ne cessent d'augmenter. New York a été l'une des premières grandes cités à saturer ses décharges. 12 000 tonnes de déchets sont produites chaque jour. Il faut 600 semi-remorques par jour pour évacuer les ordures hors de la

1. Lester Brown, *op. cit.*

ville. Dans ces conditions, le prix des objets devient, dans un nombre croissant de cas, inférieur aux coûts environnementaux qu'ils provoquent. Oystein Dahle, l'ancien vice-président d'Exxon pour la Norvège, cité par Lester Brown, résumait le problème ainsi : « Le socialisme s'est effondré parce qu'il n'autorisait pas le marché à dire la vérité économique. Le capitalisme pourrait s'effondrer parce qu'il ne permet pas de dire la vérité écologique. »

Un premier axe d'action pour endiguer cette crise est de taxer les pollueurs, à travers une taxe carbone notamment pour ce qui concerne la lutte contre le réchauffement. La taxation exige toutefois un travail d'audit, de surveillance parfois plus coûteux que celui qui consiste à imposer directement des normes environnementales aux secteurs concernés (électricité, transports, bâtiment, travaux publics). Une autre priorité est de supprimer les subventions en faveur d'activités destructrices de l'environnement, telles que la surexploitation des nappes phréatiques, les coupes à blanc de forêts et la pêche excessive.

Investir dans les énergies propres est la seconde direction. La principale conclusion du rapport Stern est sans équivoque. Plus tôt ces problèmes seront dressés, moins lourd en sera le coût. Selon ce rapport, un investissement annuel permanent représentant 1 % du PIB mondial devrait suffire pour combattre le réchauffement, mais à condition de commencer immédiatement. Le Groupe d'experts intergouvernemental sur l'évolution du climat estime également que le coût de la généralisation des meilleures technologies en matière de capture du carbone pourrait être modeste[1].

1. Le coût en termes d'électricité de la réduction des émissions de carbone par rapport aux tendances actuelles pourrait se situer entre 10 et 50 dollars par tonne de CO_2, soit 1 à 5 par kwh (Jeff Sachs, *op. cit.*).

Ce qui semble aujourd'hui un effort raisonnable pourrait avoir un coût exorbitant si l'on tardait à agir.

Mais il faudra beaucoup plus que taxer, subventionner et investir. Pour réussir, la révolution environnementale doit produire un changement qui devra être l'équivalent d'une nouvelle révolution industrielle : une nouvelle manière de concevoir la croissance économique.

Pour ne prendre qu'un exemple essentiel, la fin annoncée du pétrole, les évolutions considérées aujourd'hui comme naturelles, telles que l'urbanisation et les échanges internationaux, pourraient se renverser du jour au lendemain, sous la pression d'un pétrole devenu rare et cher. Or, en dépit des contraintes annoncées, de nouveaux avions de ligne sont livrés dans la perspective d'un trafic aérien de fret et de passagers en extension indéfinie. La plus grande firme automobile du monde, General Motors, est en faillite pour avoir notamment misé sur le développement absurde des ventes de quatre-quatre.

La fin du pétrole posera en des termes épineux le fonctionnement d'une civilisation urbaine fondée sur l'automobile, dans laquelle les banlieues (les *suburbs*) jouent un rôle essentiel. Le modèle actuel où les gens font une heure ou presque de trajet automobile quotidien pour passer de leur pavillon de banlieue à leur lieu de travail est condamné. Toute l'économie de la mobilité devra être repensée.

Effondrement

Jared Diamond, dans son livre *Effondrement*, a analysé la manière dont de nombreuses civilisations ont succombé aux désastres écologiques qu'elles avaient provoqués. Les Sumériens ont développé les premières villes, le premier langage écrit. Mais cette civilisation avait une faille : le système d'irrigation a fait monter, par percolation, le niveau des nappes phréatiques. Quand ce niveau est arrivé à quelques centimètres de la surface, l'eau a commencé à s'évaporer, produisant un enrichissement du sol en sel. Au fil du temps, cette accumulation a affecté la productivité de la terre. Aujourd'hui Sumer est un lieu où la végétation est rare, voire totalement absente. La plus ancienne civilisation du monde est devenue un lieu vide.

La civilisation maya a connu le même destin. Entre son épanouissement en 250 et son déclin en 900, elle met en œuvre une agriculture sophistiquée et très productive. Mais la déforestation et l'érosion des sols ont déclenché une pénurie alimentaire qui a entraîné à son tour des guerres civiles entre les différentes cités, jusqu'à les rayer de la carte du monde. L'île de Pâques, les Vikings au Groenland : autant d'autres exemples de civilisations détruites par leur incapacité à faire face au risque écologique.

Ces désastres sont le résultat, selon Diamond, de quatre types d'erreurs : l'incapacité à prévoir les problèmes créés, à les identifier correctement quand ils se produisent, à manifester la volonté de les résoudre une fois qu'ils ont été identifiés, et à y parvenir une fois que la volonté de le faire s'est manifestée.

Nous sommes déjà entrés dans la phase trois ! Les problèmes n'ont pas été anticipés, mais ils sont aujourd'hui identifiés. Il reste à manifester la volonté collective d'y faire face, et à espérer que cette volonté débouche sur les moyens de les résoudre, deux conditions qui sont chacune délicates. Dans tous les domaines cités, il faudra un immense effort coordonné de recherches scientifiques et de décisions politiques pour s'entendre sur de nouvelles normes internationales.

Il existe un contre-exemple au pessimisme. Il y a six cents ans, l'Islande a réalisé que la surexploitation des herbages d'altitude conduisait à une perte de terre végétale, dans une région où son épaisseur était faible au départ. Les fermiers se sont alors entendus pour déterminer la taille des troupeaux de moutons, définir des quotas destinés à préserver le potentiel de ces terres. Le pays a survécu au risque écologique. Ce qui rend toutefois tragique cette référence à l'Islande est que celle-ci n'a pas survécu au risque financier, celui des subprimes, dans une crise qui offre une inquiétante démonstration de notre incapacité à anticiper les risques systémiques.

XIV.

Le krach financier

Le nouveau capitalisme financier

La production de richesses exige des matières premières, du travail et du capital. La mondialisation tend à donner une définition géographique de ces catégories : le travail est en Asie, les matières premières en Afrique et au Moyen-Orient. Et le capital reste l'apanage des pays riches. Dans le langage de Marx, le capital a un double sens : celui d'une avance des fonds nécessaires pour acheter les machines et louer la force de travail, et celui du contrôle sur le processus de production. Cette idée reste pénétrante, mais la forme en laquelle elle s'exerce a changé. Le capital aujourd'hui est devenu un bien « immatériel » : c'est la recherche et le développement (la R&D), la publicité, la mode, la finance. Ce sont eux qui gouvernent aujourd'hui le monde de la production.

Si les pays pauvres jouent un rôle croissant dans la production de biens matériels, les pays riches gardent fermement la main sur la production immatérielle. La R&D, pour ne prendre que cet exemple caractéristique, est aujourd'hui encore à 95 % le fait des pays riches. Tout est fait pour soigner les maladies qui les affectent : cancer, diabète, Alzheimer... mais les maladies comme la malaria ne trouvent pas de solution, faute de clients solvables. La gestion par les pays riches des flux immatériels obéit à une logique qui ne préjuge hélas nullement du bien public mondial. Dans le langage des économistes, les rendements privés ne coïncident pas nécessairement avec les rendements sociaux.

La crise des subprimes, puisque c'est d'elle qu'il s'agit, a montré l'incapacité où se trouve le capitalisme financier, forme suprême des flux immatériels, d'apprécier les risques qu'il fait courir à la planète. Les quatre phases repérées par Jared Diamond se sont enchaînées : incapacité de prévoir la crise, de l'identifier quand les premiers signes sont apparus, de s'entendre sur ce qu'il faut faire ensuite, et de réussir enfin les actions qu'on a décidé d'entreprendre pour la résorber. Reprenons le fil de cette séquence fatale.

La crise du keynésianisme

La période débridée qui s'ouvre au cours des années quatre-vingt a démantelé le vieux monde régulé, coopératif, qui avait été forgé après-guerre. En matière économique, celui-ci s'est construit sur un triangle de sustentation associé à trois noms : Ford, Beveridge et Keynes. Le fordisme sera remis en cause par le démantèlement des firmes orchestré dans les années quatre-vingt. La solidarité promue par Beveridge s'est heurtée au ralentissement de la croissance, à la fin des Trente Glorieuses. Le raisonnement keynésien a lui aussi été remis en question. L'idée qu'une régulation macroéconomique était nécessaire au bon fonctionnement du capitalisme est devenue une idée archaïque, avant que la crise des subprimes ne la remette brutalement à l'honneur.

La crise du keynésianisme date des années soixante-dix. La rupture se manifeste lors du choc pétrolier. Les pays de l'OPEP quadruplent le prix du pétrole en 1973 et le doublent encore en 1978. Cette hausse spectaculaire va entraîner les économies sur la voie d'un mal nouveau, difficilement identifié à l'origine : la stagflation, mélange inédit d'inflation et de récession. Ce phénomène va tarder à être correctement compris par les économistes et les hommes politiques. Formés, depuis la fin de la guerre, au raisonnement keynésien, ils ont appris à analyser les cycles économiques comme la manifestation de déséquilibres venant de la demande finale. Quand la demande est faible, il y a du chômage mais l'inflation a tendance à baisser. Quand la demande est forte, c'est le contraire : le chômage baisse mais l'inflation augmente. Cette relation inverse va être décrite par ce qu'on appellera « la courbe de Phillips », du nom de l'économiste qui la mettra en évidence, en 1956.

La stagflation bouleverse cette relation. On observe en effet non pas l'un ou l'autre des deux maux, inflation ou chômage, mais les deux à la fois ! Il fallut un certain temps pour comprendre ce paradoxe apparent. Ce n'était pas la demande qui était devenue insuffisante et à laquelle il fallait remédier. C'était l'offre qui avait cessé brutalement d'être profitable, du fait d'abord du renchérissement du prix du pétrole et, plus durablement, à cause de l'épuisement de la croissance de la productivité. À tirer sur la demande, alors même que l'offre était faible, on a accéléré la hausse des prix sans réduire le chômage. Tous les gouvernements, celui de Giscard d'Estaing ou de Mitterrand parmi d'autres, qui essaieront de faire de la relance de la consommation l'instrument de lutte contre le chômage, échoueront.

Cet échec va ouvrir la voie à une formidable remise en question. Politiques et économistes vont substituer dans les années quatre-vingt une contre-opinion à celle de Keynes, s'appuyant sur Milton Friedman, le grand maître de Chicago, et ses disciples, ceux qu'on a appelés les « néomonétaristes ». Ceux-ci prônent le retrait de l'État. Ils dénoncent l'État providence comme coupable de la perte de compétitivité des entreprises. Le marché est posé comme infaillible, le chômage comme « naturel ». Aux yeux de Friedman, les politiques économiques d'inspiration keynésienne aggravent le mal qu'elles veulent combattre. En voulant atteindre à tout prix le plein emploi, elles déclenchent une accélération de l'inflation qui devient ensuite très coûteuse à endiguer.

L'événement déterminant de cette séquence sera donné par la politique monétaire menée par Paul Volcker, le nouveau président de la Banque centrale américaine, la Fed, au début des années quatre-vingt. Voulant casser l'inflation, il réduit brusquement l'offre de monnaie, provoquant une explosion des taux d'intérêt. Sous le coup de sa thérapie de choc, de 1982 à 1984, l'inflation américaine chute brutalement. Au prix d'une récession considérable, la « crédibilité » de la politique monétaire américaine est finalement restaurée, et la confiance en la monnaie revient[1]. À l'inverse, la confiance dans les préceptes keynésiens a totalement disparu ! Tel est le climat dans lequel va se produire ce qu'on appellera la révolution libérale des années quatre-vingt.

1. La « crédibilité » est un terme clé qui émerge à cette époque. En un mot, être « crédible », c'est faire ce qu'on a dit qu'on fera, même si c'est désagréable. La dissuasion nucléaire est crédible si l'ennemi pense qu'on n'hésitera pas à appuyer sur le bouton, même si cela doit causer des dégâts gigantesques. Une Banque centrale est crédible si l'on peut compter qu'elle mènera une politique rigoureuse le moment venu, même si cela doit déclencher l'impopularité de ses dirigeants. Dès qu'une institution telle que la Banque centrale perd sa crédibilité, les agents parient le pire : des dévaluations répétées, une inflation qui s'accélère…. Le seul fait de ces anticipations rend beaucoup plus difficile à la Banque centrale de réguler ensuite l'économie.

Le nouvel esprit du capitalisme

Le capitalisme industriel issu de la grande tradition fordiste avait prospéré à l'ombre de la crise des années trente et de la guerre froide. À la suite de 1929, la Bourse avait été disqualifiée, moralement et économiquement. Elle a été tenue pour responsable de la crise et de la guerre. Les dirigeants d'entreprises ont alors agi en fonction de l'idée qu'ils se faisaient du bien de la firme, ignorant royalement celui des actionnaires. C'est l'âge de ce qu'on peut appeler le capitalisme managérial. La guerre froide a aussi joué son rôle. Comme le dit avec humour le philosophe Peter Sloterdijk, c'est une période où les salariés pouvaient facilement obtenir satisfaction de leurs revendications : « Il leur suffisait de diriger discrètement leur regard sur les réalités du deuxième monde [le bloc soviétique] pour faire comprendre à leurs employeurs qu'ici aussi, la paix sociale avait son prix[1]... »

À partir des années quatre-vingt, les actionnaires décident de reprendre la main. Voulant oublier les leçons de 1929, ils ont enclenché une immense remise à plat du capitalisme. Le type d'organisation du travail qui prévalait après-guerre, avec ses plans de carrière, sa politique sociale, ses syndicats, est remis en question. Les primes d'intéressement se substituent aux plans de carrière. En très peu de temps, les managers, qui étaient alors des salariés comme les autres, sont sortis de leur condition. Ils voient leurs destins et leurs rémunérations indexés sur la Bourse, à laquelle ils vont se soumettre, puisqu'ils en sont désormais parties prenantes. C'est la mort d'un type de capitalisme, la naissance d'un autre.

1. Peter Sloterdijk, *Colère et temps*, Libella-Maren Sell, 2007.

La norme que le nouveau « capitalisme actionnarial » va dicter consiste à réduire l'activité des firmes à la seule tranche qui corresponde à leur savoir-faire, à leur « cœur de métier ». Tout le reste est laissé au marché. L'externalisation des tâches devient la règle. Dans une entreprise des années cinquante-soixante, la cantine, le gardiennage, le nettoyage, la comptabilité étaient assurés par des salariés de l'entreprise. Avec l'externalisation, plus aucun de ces services n'est produit en interne, les prestataires de services étant mis en concurrence. On tend alors vers des entreprises qui rêvent d'être sans employés, un processus accéléré par la révolution des nouvelles technologies de l'information et de la communication. La mondialisation arrivant, élargissant la concurrence et offrant des mains-d'œuvre moins chères, va parachever ce mouvement. L'externalisation des tâches laisse place aux délocalisations, quand c'est possible. Mais comme la chronologie le montre, c'est bien la réorganisation interne du capitalisme qui a précédé la mondialisation.

La finance de marché

Cette révolution va également bouleverser en profondeur le système financier lui-même. Une nouvelle intermédiation financière, totalement affranchie des règles érigées après la crise de 1929, va se développer. Ce nouveau système est parfois appelé le *shadow banking system.* Parti de presque rien dans les années quatre-vingt, il pèse à la veille de la crise des subprimes, aux États-Unis, le même poids que le système bancaire traditionnel, soit 10 000 milliards de dollars. Il s'agit des banques d'investissement, des hedge funds, des fonds de « private equity » (qui achètent à crédit des entreprises non cotées), des compagnies d'assurances[1]. Pour profiter au maximum des opportunités de cette nouvelle finance de marché, les banques elles-mêmes ont créé des structures inédites, des special investment vehicles (SIV) situés hors bilan. En logeant dans ces véhicules ad hoc leurs activités nouvelles, les banques se sont elles aussi affranchies des règles prudentielles. Elles ont pu profiter au maximum de ce qu'on appelle l'effet de levier, le « leveraging », à savoir la possibilité de financer à crédit des opérations à haut rendement, sans mobiliser ses fonds propres.

La finance de marché accomplit à sa manière le nouveau rêve de Wall Street : fabriquer des firmes « sans usines et sans travailleurs ». Les banques traditionnelles doivent accomplir la tâche ingrate de collecter, à travers leurs succursales, les dépôts des particuliers. Elles doivent instruire les dossiers de la clientèle pour toute demande de crédits,

1. Un bon exemple de la mutation qui est accomplie par cette finance de marché est donné par AIG, American International Group. En tant que compagnie d'assurances, elle n'était pas soumise à la même vigilance que les banques de dépôt. Elle a pu créer un département AIG Finances, qui s'est retrouvé le premier opérateur de ce qu'on appelle les CDS, les Credit Default Swaps, qui garantissent un créancier des risques de faillite du débiteur. Les banques commerciales jouent également à ce jeu, en développant des services financiers logés en dehors de leurs bilans, dans des structures ad hoc qui achètent allégrement les crédits risqués des subprimes. Cela le plus légalement possible, en profitant des trous dans le système de régulation, mais aussi d'un certain laxisme des autorités, qui auraient très bien pu s'apercevoir de la combine si elles avaient été plus vigilantes. Mais elles ne l'ont pas fait. Pourquoi ? Sans doute parce qu'elles étaient convaincues par le bain d'idées ambiant, ce nouveau paradigme du marché entièrement laissé à lui-même, selon lequel toutes ces opérations financières pouvaient s'autoréguler. Sans cela, elles auraient commencé à demander à ouvrir les livres de comptes.

accompagner dans le temps ceux-ci, jusqu'à maturité, et porter le risque de défaut. La finance moderne va s'affranchir de ces activités pénibles ! Solidement arrimés à l'écran de leurs ordinateurs, ses acteurs, les traders, vont se financer uniquement sur le marché, ignorant la contrainte de collecter les dépôts des particuliers. Au lieu d'accorder des crédits, ils vont les « titriser », c'est-à-dire mettre sur le marché après les avoir recomposées les créances accordées par d'autres. Ce nouveau système va ainsi externaliser toutes les fonctions classiques accomplies par la banque commerciale, collecte des dépôts et distribution des crédits, et prospérer sur son seul cœur de métier, l'ingénierie financière. Tout est alors en place pour la plus grande faillite de l'histoire financière.

Les subprimes

À l'origine, il y a une innovation que l'on peut qualifier de géniale. Pour rendre le crédit immobilier plus attractif, les ingénieurs de Wall Street ont eu l'idée suivante : ils ont jumelé puis découpé en tranches des portefeuilles de créances hypothécaires. Les meilleures tranches sont payées en premier, les secondes ensuite, les dernières subissant le risque de défaut éventuel. On fabrique ainsi une palette variée d'actifs, intéressant une vaste classe d'investisseurs : les fonds de pension pour les meilleures tranches, les hedge funds pour les actifs risqués, les banques conservant, hors bilan, les actifs dont personne ne veut… Cette invention, mise au point en 1983 par une filiale de General Electric, était destinée à l'origine à des emprunteurs a priori banals. Malgré une première crise en 1994, elle a pris son élan dans les années 2000, élargissant la gamme des ménages susceptibles de bénéficier d'un emprunt. Les couches populaires les plus défavorisées, celles dont le risque était le moins bon, les subprimes, y ont eu accès. Wall Street venait au secours de Harlem ! Mais le conte de fées allait mal tourner.

La crise des subprimes a été déclenchée par plusieurs bombes à retardement. En amont de la crise, tout d'abord, un fait a été rapidement révélé : la qualité des crédits s'est profondément détériorée, même en prenant en compte la clientèle nouvelle à laquelle ils s'adressaient. La solvabilité des clients a été systématiquement surévaluée par les intermédiaires chargés de la distribution des prêts. La cause de cette dégradation est évidente. Avec la titrisation des prêts, celui qui est à l'origine du crédit le revend immédiatement aux marchés financiers. L'incitation est totalement changée. Ce qui compte, c'est de faire du chiffre, pas de surveiller la qualité du client. Ce n'est pas la même chose d'accorder un crédit en sachant qu'on le passera immédiatement à un autre et de faire un prêt qu'on devra récupérer soi-même. Outre la négligence, il est avéré que des fraudes ont été commises. Certains prêteurs auraient artificiellement gonflé la solvabilité de leurs clients pour accroître leurs chiffres d'affaires.

L'autre source de méfiance concernant la qualité des titres porte sur les méthodes utilisées pour en évaluer le risque. Avec l'aide des agences de notation, les investisseurs ont fabriqué des instruments réputés sans risque, notés AAA. Ils se sont servis pour ce faire de modèles mathématiques sophistiqués, prédisant la probabilité de défaut de tel ou tel type de créances, de façon à en extraire la part la moins risquée. Ces modèles sont certainement performants en temps normaux mais, selon *The Economist*, ils ont pourtant conduit Goldman Sachs à fermer un fonds dont la probabilité de défaut avait été estimée à un sur dix puissance cent trente-huit[1] !

La finance de marché a ainsi fait circuler de la « fausse monnaie financière », des titres dont la vérification de la qualité a été négligée. Ce comportement désinvolte, cet aveuglement aux risques, est le facteur essentiel du krach, qu'il faut à présent expliquer.

1. L'une des erreurs de calcul tient à l'hypothèse selon laquelle il n'y a jamais eu de crise hypothécaire américaine majeure au niveau national (mais seulement des crises régionales). Lire André Orléan, *De l'euphorie à la panique : penser la crise financière,* Paris, Éditions Rue d'Ulm, coll. du Cepremap, 2009.

Greed

Dans son ouvrage classique *L'Éthique protestante et l'esprit du capitalisme*, publié en 1904, Max Weber explique que le capitalisme ne se caractérise pas par l'avarice, ou l'envie d'argent. Si tel était le cas, il se serait développé au Moyen-Orient chez les marchands phéniciens, ou dans la riche Venise du commerce des épices. Or il est apparu en Angleterre, puis s'est développé aux États-Unis et en Europe du Nord. S'il reconnaît que la cupidité, *greed* en anglais, constitue un des ressorts fondamentaux de l'activité humaine, Weber soutient que le capitalisme des origines rationalise cet appétit, construit des rapports de confiance et de contrat, rééquilibre l'ensemble avec des règles, des lois, une « éthique » de responsabilité.

La révolution financière montre combien est fragile cette vision webérienne du capitalisme. Un des traits marquants du nouvel esprit du capitalisme qui émerge dans les années quatre-vingt est la montée extravagante des inégalités. Les données de Thomas Piketty et Emmanuel Saez montrent que, aux États-Unis, les 1 % les plus riches de la population ont retrouvé le poids qui était le leur au début du XXe siècle, à l'âge d'or des rentiers : ils gagnent plus de 16 % du revenu national, contre 7 % après-guerre. C'est le règne de « l'argent fou ».

Le *Financial Times* cite une étude calculant les rémunérations des dirigeants des plus grands établissements financiers, sur les trois années qui ont précédé la crise. Ils ont accumulé presque 100 milliards de revenus, pour 4 000 milliards de pertes laissés à la communauté... Cet effet de levier « à l'envers » illustre le mécanisme à l'œuvre.

À partir du moment où traders et financiers se financent entièrement à crédit pour monter des opérations, une incitation perverse est créée. Si le crédit génère des gains, ils remboursent leur dette et partagent les profits avec l'investisseur qui les a financés. Mais si l'investissement est un « crédit pourri », insolvable, les pertes sont alors entièrement pour celui qui a prêté. Lorsqu'un investisseur n'apporte pas son propre capital, le jeu s'apparente à « Pile je gagne, face tu perds ». Pour les financiers qui ont gagné 100 milliards pour 4 000 milliards de pertes, le solde est toujours positif. Quoi qu'on fasse ensuite, on ne pourra jamais privatiser, faire payer par ceux qui sont les coupables les milliards qu'ils ont fait perdre à la société.

On peut caractériser l'attitude des dirigeants des établissements financiers comme traduisant un comportement « panglossien », pour reprendre une formule de Paul Krugman. Pangloss, le héros de Voltaire, croit voir partout le « meilleur des mondes possibles[1] ». Le trader fait pareil. Il ne voit que le bon côté des choses, il ignore le risque, non par myopie mais rationnellement, parce que le principe de rémunération est asymétrique. S'il gagne, il gagne tout, et s'il perd, il perd éventuellement son emploi, peut-être même

1. Voltaire caricature Leibniz et son principe de « raison suffisante ». Bouleversé par le tremblement de terre de Lisbonne, Voltaire est révolté par l'idée qu'un mal soit nécessairement la contrepartie d'un bien. Pangloss incarne cette vision qui consiste à considérer que le monde est le meilleur possible, malgré ses défauts.

sa carrière, mais sa perte ne sera jamais proportionnée à celles qu'il a fait subir aux autres.

Il n'y a pas que les acteurs de la finance de marché qui sont entraînés dans cette spirale. Les ménages sont également incités à adopter des comportements à risque. Aux États-Unis, un dispositif très laxiste leur permet en effet d'accroître leur dette au fur et à mesure que la valeur de leur patrimoine immobilier augmente. Chaque hausse des prix immobiliers est l'occasion de recharger leur dette, à hauteur de la plus-value observée, et de dépenser davantage.

Une statistique étonnante donnera la mesure de cet acharnement des ménages américains à consommer : alors même que les inégalités de revenus n'ont cessé de croître au cours des années quatre-vingt-dix et deux mille, on n'observe aucune hausse visible des inégalités en matière de consommation : le crédit a entièrement compensé le revenu comme moteur de la croissance. La crise des subprimes est ainsi l'expression du comportement pathologique d'une société qui a globalement décidé d'oublier le principe de réalité, vivant dans le monde virtuel des plus-values.

Tout va bien tant que les prix immobiliers montent. Tout s'inverse lorsque les prix commencent à baisser. Les ménages dont l'encours de la dette s'avère supérieur à la valeur du bien acheté arrêtent de la rembourser, faute de pouvoir obtenir un nouveau crédit leur permettant de refinancer leur dette. À l'image des établissements financiers pariant sur la hausse, les ménages américains ont ignoré le risque de retournement du cycle. Et lorsque les prix de l'immobilier ont finalement commencé à baisser, le château de cartes fabriqué par les Pangloss de la finance ne pouvait plus que s'effondrer.

L'effondrement

Lorsque la crise des subprimes éclate, au cours de l'été 2007, le président de la Banque centrale américaine est sans doute la personne la mieux qualifiée pour être titulaire de ce poste, à ce moment-là. Ben Bernanke est l'auteur de travaux universitaires qui ont contribué à établir de manière décisive la responsabilité des autorités monétaires américaines dans la crise des années trente. Dès les débuts de la crise, au cours de l'été 2007, il n'a pas hésité à injecter des liquidités considérables dans l'économie, sauvant sans rechigner la banque d'investissement Bear Stearns, puis les grandes agences de refinancement hypothécaire Freddie Mac et Fannie Mae.

Ben Bernanke hérite de la situation explosive qui lui a été léguée par son prédécesseur, Alan Greenspan, longtemps appelé le maestro… Constatant que le risque inflationniste avait été éradiqué, Greenspan a mené tout au long de son mandat, de 1987 à 2007, une politique d'argent facile, créant à tour de rôle la bulle Internet, la bulle immobilière, la bulle pétrolière. C'est sous son égide que la finance de marché, vivant à crédit, a prospéré avant d'imploser avec la crise des subprimes.

Même Bernanke, pourtant, a fini par commettre l'erreur qu'il dénonçait dans ses livres. En laissant mettre la banque

Lehman Brothers en faillite, le lundi 15 septembre 2008, il a provoqué l'onde de choc qui a déclenché l'explosion. À l'image du mardi noir en 1929, la faillite de Lehman est le véritable coup d'envoi de la crise. Tous les trésoriers d'entreprise ont compris que le refinancement de leurs crédits, à peu près assurés au cours de l'année écoulée, ne serait plus garanti. Les firmes ont commencé à liquider leurs stocks, à réduire leurs investissements. Le moral des ménages a été brisé.

On se souvient de l'interprétation de la crise des années trente offerte par Milton Friedman. À ses yeux, ce sont les faillites bancaires qui en ont été la véritable cause. La faillite de Lehman ne se compare certes pas à celles des années noires. Tout a été fait ensuite pour sauver les banques menacées. Des sommes considérables sont très vite mobilisées par le plan Paulson (700 milliards de dollars) pour éviter de nouvelles catastrophes, non sans attiser le sentiment populaire qu'on récompensait le vice passé des banquiers. Tout s'est déroulé pourtant comme si un choc virtuel, la faillite d'une seule banque, avait produit des effets comparables à la faillite réelle des banques américaines dans les années trente. Tout le domino de la finance de marché est tombé, sous l'effet de la chute d'une seule pièce.

L'interprétation keynésienne n'est pourtant pas en reste dans l'explication de la crise. Comme en 1929, les achats de « biens durables » (automobile, immobilier...) ont été en première ligne. En 2008 comme en 1930, l'automobile est frappée de plein fouet. Le leader mondial, General Motors, s'est retrouvé en faillite, le dauphin Toyota annonçant des pertes pour la première fois de son histoire. L'autre grand secteur touché, comme en 1930, est le logement, d'où la crise est partie. Comme l'ont expliqué les auteurs d'inspiration keynésienne, la chute de la dépense des ménages et des entreprises déclenche un mécanisme multiplicateur, qui amplifie la crise. Et comme en 1930, l'effondrement du commerce mondial a brutalement rétroagi sur les conjonctures nationales.

Leçons de la crise

Le débat entre Keynes et Friedman ne se réduit pas à la question de savoir s'il faut sauver les banques ou relancer la consommation. Dans le feu de la crise, il est clair qu'il faut faire les deux à la fois. Le véritable débat porte sur la nature des économies de marché. Friedman est convaincu qu'une économie de marché peut se stabiliser toute seule pourvu qu'on la « laisse faire », poussant le paradoxe jusqu'à ajouter que ce sont les actions des gouvernements qui sont en fait un facteur d'instabilité.

Keynes pense exactement le contraire. L'un de ses commentateurs les plus avisés, Axel Leijonhuvfud, a résumé cette opposition à partir d'une métaphore, dite du « corridor ». Les forces de rappel d'une économie vers un équilibre de plein emploi peuvent fonctionner dans le sens souhaité, mais seulement à l'intérieur d'un corridor de confiance. Lorsque la croissance ralentit, on peut s'attendre, sous certaines conditions, que les ménages tirent sur leur épargne pour maintenir leur consommation, que les entreprises profitent de la baisse des taux d'intérêt pour investir, et cetera. Mais, passé un certain seuil de crise, comme une voiture qui fait une sortie de route, l'économie ne revient plus vers son état « naturel ». Elle dérape, et les forces qu'elle met en œuvre aggravent la crise. Face au ralentissement, les ménages épargnent au lieu de dépenser, les entreprises bloquent leurs investissements au lieu de les augmenter… La peur s'installe, les établissements financiers les plus vulnérables font faillite. Les lois de l'économie deviennent pathologiques.

La crise des subprimes a rappelé à qui voulait l'oublier la puissance du raisonnement keynésien. Sans l'intervention déterminée des autorités, lesquelles comptent néanmoins à leur passif la faillite de Lehman, cette crise aurait vraisemblablement suivi, trait pour trait, celle de 1929. Moins de vingt-cinq ans après la révolution financière, laquelle a cru possible d'« oublier 29 », la crise est revenue sous les mêmes traits. Le mirage d'un monde laissé aux seules forces du chacun pour soi a dû être oublié. Vingt-cinq ans après la révolution financière, le capitalisme doit panser ses plaies et repenser ses critères. La leçon de Keynes redevient audible. Le rôle de l'État retrouve le lustre perdu.

Les enseignements que l'on peut tirer des subprimes vont toutefois au-delà de cette redécouverte du rôle de l'État. Par la vitesse à laquelle elle s'est propagée à l'ensemble de l'économie mondiale, elle témoigne de l'extraordinaire difficulté à penser *ex ante* les risques systémiques, et à les résorber, *ex post*, lorsqu'ils se sont manifestés.

Le responsable des risques financiers à la Banque d'Angleterre, Andrew Haldane, a proposé un intéressant parallèle entre le monde de la finance de marché et celui des grands réseaux électriques. L'interconnexion permet de résoudre les déséquilibres partiels entre l'offre et la demande. Lorsqu'un réseau souffre d'un excès de demande, il peut compter sur les autres pour l'approvisionner. L'interconnexion fonctionne comme un absorbeur de choc. Passé un seuil critique toutefois, c'est le contraire qui se produit. Un dysfonctionnement local, même léger, peut mettre le tout en péril, plongeant dans le noir des régions très éloignées de la panne.

Andrew Haldane offre aussi une comparaison éclairante entre la crise financière et les pandémies. L'une des leçons des travaux en biologie ou en épidémiologie, selon lui, est en effet la suivante. Lorsque la complexité d'un système s'accompagne d'une perte de diversité, alors une crise peut devenir fatale. Une étude statistique a ainsi montré que 40 % des espèces de poissons ont disparu. Ce chiffre atteint 60 % dans les zones où les ressources sont homogènes, mais baisse à 10 % dans les régions à forte diversité d'espèces. De même, l'accumulation de tares est beaucoup plus fréquente dans les familles incestueuses (comme les Habsbourg qui ont plongé dans la stérilité). Au contact des autres espèces, en diversifiant son patrimoine génétique, chacune peut s'immuniser contre des maladies qui la menacent. La diversité est un réducteur de risque.

Dans le cas des marchés financiers, l'uniformisation des comportements a été la règle. Tous les acteurs ont voulu faire la même chose ; les crédits coopératifs ont voulu devenir des banques ; les banques commerciales ont voulu devenir des banques d'investissement ; les banques d'investissement ont voulu devenir des fonds spéculatifs, des hedge funds. Plus personne n'était à même de juger, de l'extérieur, de la pertinence des stratégies adoptées. Et tous ont succombé, en même temps, à la même maladie.

Nous en sommes là. Le capitalisme-monde s'impose désormais comme la civilisation qui se substitue à toutes les autres, sans regard extérieur pour juger de sa pertinence. L'interconnexion économique et culturelle est devenue la règle, et soumet chacun au risque d'un dysfonctionnement global.

XV.

Le capitalisme immatériel

La nouvelle économie

La crise des subprimes a mis en relief certains traits aberrants du capitalisme contemporain. Les salaires des patrons, payés comme des rock stars, les prises de risque insensées dues au comportement panglossien des dirigeants… Il ne fait désormais aucun doute aux yeux de la plupart des commentateurs que « l'empire du *greed* » doit être policé. S'il ne s'agissait toutefois que du problème financier *stricto sensu*, la solution serait simple : il suffirait d'imposer des normes prudentielles strictes à tous les acteurs de la finance, dans et hors leurs bilans. Mais l'ampleur des questions est plus vaste. Une autre transformation est à l'œuvre, plus lourde, et dont la crise des subprimes n'est que la maladie infantile : l'émergence d'une économie qui se dématérialise, ce qu'on peut appeler l'entrée dans le cybermonde des technologies de l'information et de la communication.

Un terme éclaire la nature de cette transformation, celui de « nouvelle économie ». Celle-ci désigne une modification radicale du paradigme habituel de l'économie, tel qu'il a été analysé par Adam Smith ou Karl Marx. Adam Smith expliquait que s'il faut deux fois plus de temps pour chasser un daim qu'il n'en faut pour chasser un castor, le premier animal coûtera nécessairement, en moyenne, deux fois plus cher que le second. La « nouvelle économie » se caractérise par une structure de coût totalement atypique par rapport à ce schéma. Un logiciel coûte cher à concevoir, mais pas à fabriquer. Une fois conçu le logiciel Windows, on peut aussi bien le vendre à une bourgade qu'à la terre entière, son coût de fabrication n'en sera que marginalement modifié. Le même raisonnement s'applique à l'audiovisuel – un film coûte cher à réaliser, pas à (re-)diffuser. Plus généralement, l'information, qu'elle prenne la forme d'un code numérique, d'un symbole ou d'une molécule, coûte beaucoup plus cher à concevoir que le contenu physique qui l'abrite.

Dans cette nouvelle économie, c'est la première unité du bien fabriqué qui est onéreuse, la seconde et celles qui suivent ayant un coût faible, voire véritablement nul dans certains cas limites. Dans le langage de Smith, il faudrait dire que c'est le temps passé à tuer le premier castor ou le premier daim, c'est-à-dire par exemple le temps passé à découvrir où ils se terrent, qui expliquerait tous les coûts. Et dans le langage de Marx, il faudrait dire que la source de la plus-value n'est plus dans le travail consacré à produire le bien mais dans celui passé à le concevoir. Celui qui fabrique les biens, le prolétaire, qui ne dispose que de ses mains pour assurer son salaire n'est plus une source de plus-value. Il est un coût qu'on cherche à externaliser.

Un exemple typique est celui des médicaments. Le plus difficile est de découvrir la molécule. Le coût de fabrication du médicament lui-même, que l'on mesure par le prix des médicaments génériques, est beaucoup plus faible que l'amortissement des dépenses de R&D qui est facturé dans les médicaments sous licence.

Ce paradigme intéresse aussi les firmes industrielles. Ainsi, dans sa campagne de publicité, Renault, symbole hier de la société industrielle, veut se présenter comme « concepteur » d'automobile. Et de fait cette firme tend à fabriquer une part de plus en plus faible des voitures qui portent sa marque. Dans les années cinquante, Renault fabriquait 80 % de la voiture qui était livrée au concessionnaire. Aujourd'hui elle n'en fabrique plus que 20 %, et déjà le technopole de Renault, à Guyancourt, est le plus grand site « industriel » de la firme, son but étant précisément de fabriquer la première unité... À en croire une anecdote représentative de cette évolution, le chef des achats de Volkswagen au Brésil se serait félicité que sa firme soit parvenue à externaliser l'essentiel de la fabrication, laissant à la firme allemande ce qu'elle sait faire de mieux : mettre le sigle de la marque à l'avant de la voiture ! À l'heure de la mondialisation, les firmes cherchent à se recentrer sur les activités à rayon planétaire, celles qui touchent le plus grand nombre de clients. Les activités immatérielles, où le coût est dans la première unité, la promotion de la marque par exemple, sont beaucoup plus intéressantes que la stricte fabrication des biens qui en découlent[1].

Ce qu'on peut appeler la société postindustrielle fixe l'unité de deux termes opposés : celui qui correspond à la conception des biens (l'immatériel) et celui qui tient à leur prescription (leur commercialisation). La formule chimique que contient un médicament est immatérielle. Le médecin qui prescrit le bon médicament est dans le domaine que décrit Fourastié à travers l'exemple du coiffeur, celui d'un emploi de proximité qui ne peut être robotisé ou délocalisé. Le coiffeur comme le docteur ou le réparateur échappent à la mondialisation, car ils sont dans une relation de face à face (F2F en anglais) avec leurs clients. Le producteur de biens immatériels, à l'inverse, est immédiatement plongé

1. Je développe tous ces points dans *Trois leçons sur la société postindustrielle*, Paris, Le Seuil, 2006.

dans le grand bain de la mondialisation. Toute molécule nouvelle a vocation à soigner tous les corps humains, aussi loin soient-ils du laboratoire qui l'a découverte.

Le F2F reste dans l'ordre habituel de l'économie de Marx ou Smith. Ses acteurs sont payés à concurrence du temps passé avec leurs clients. L'heure de travail reste l'unité de compte pertinente pour évaluer leur rémunération. La production immatérielle est d'une tout autre nature. Un acteur n'est pas payé à proportion du temps passé à tourner un film. Il est payé en fonction de sa célébrité, du marché que sa seule apparition (qu'elle dure deux minutes ou deux heures) permet de conquérir. Les règles du cybermonde évoquent celles de l'économie antique. Le travail est dévalorisé, le souci de la gloire, de la notoriété, devient premier. La même « indifférence cognitive » à l'égard du monde du travail s'installe.

D'un point de vue économique, la production immatérielle vit sous le règne des rendements croissants. Plus un producteur dispose d'un marché important, plus il lui est facile d'amortir les dépenses de conception d'un bien nouveau, plus il peut gagner d'argent. La nouvelle économie apparaît ainsi comme le terme d'un processus qui fait passer l'économie de l'âge des rendements décroissants (la production agricole) à l'âge des rendements constants (la production industrielle), puis, enfin, à l'âge des rendements croissants (la production immatérielle). De toute évidence, ces trois dimensions sont toujours présentes, simultanément, en chacune des trois étapes que l'on peut associer aux sociétés rurales, industrielles et postindustrielles. L'agriculture et l'industrie ont toujours intimement dépendu des innovations technologiques pour poursuivre leurs courses. Ce qui est neuf dans la période actuelle tient au fait que les avancées technologiques tendent à acquérir une force autonome, dictant aux autres secteurs un rythme qui s'impose à tous.

La nouvelle économie est parfois associée à l'idée d'une meilleure diffusion de l'information, d'une baisse des barrières à l'entrée, et finalement d'une pression concurrentielle plus forte sur les acteurs de l'économie. Ses propres opérateurs tendent pourtant à devenir des monopoles planétaires. La rente foncière de la production rurale trouve un curieux analogue dans la rente de situation qui est offerte au propriétaire des technologies de pointe. Du fait de la loi des rendements croissants, l'entreprise dominante distance les autres, et tend à acquérir une position inexpugnable. Microsoft, Yahoo ou Google dominent au point qu'ils sont désormais hors de portée de leurs concurrents, notamment européens, du fait d'une logique qui pousse à la concentration. On comprend pourquoi la production de biens immatériels est devenue l'avantage comparatif des pays riches.

L'Europe à la traîne

La question de Needham, de savoir pourquoi la Chine n'a pas produit de Newton et de Galilée, est devenue désormais : pourquoi les grandes universités, les centres de recherche les plus performants sont-ils devenus l'apanage des pays riches, et singulièrement du plus riche d'entre eux, les États-Unis ?

La suprématie américaine est visible à l'œil nu : il suffit d'ouvrir son ordinateur le matin en arrivant à son bureau, ou d'allumer la télévision en rentrant chez soi le soir. Du logiciel Windows aux rebondissements de *24 Heures* ou *Desperate Housewives*, la mondialisation immatérielle se montre sous un aspect qui parle l'anglais. La mondialisation du XXIe siècle est celle des technologies venues de la Silicon Valley, des normes de gouvernance venues de Wall Street, des films tournés à Hollywood.

Face à cette prééminence, l'Europe est indiscutablement à la peine. Elle tient son rang dans un domaine tel que l'industrie pharmaceutique, issu de la seconde révolution industrielle, mais elle est en retard dans tous les domaines récents, informatique, nano et biotechnologies. Elle est pourtant un continent riche, disposant d'un grand marché intérieur et d'« humanoïdes », au sens de Robert Solow, a priori nombreux. Pourquoi ce retard ?

Son premier problème tient aux institutions dédiées à l'enseignement et à la recherche. La production de connaissances exige, à l'âge de la mondialisation, des universités puissantes qui protègent les chercheurs du court-termisme des industriels, sans les conduire pour autant à ignorer la demande sociale qui leur est adressée. Au cours des siècles qui forment le « long Moyen Âge » précédant la révolution industrielle, l'Europe combinait une rivalité entre ses nations et une unité de sa pensée, véhiculée en latin par une culture commune. Aujourd'hui, c'est exactement le contraire qui est à l'œuvre. Les États veulent coopérer, mais la recherche européenne reste un empilement de recherches nationales qui, au total, vaut moins que la somme de ses composantes. Les procédures même d'allocation par Bruxelles des ressources communautaires restent très attentives à respecter les équilibres entre nations, et ne parviennent pas à faire émerger des pôles européens qui puissent se comparer à ceux qui se sont constitués autour des grandes universités américaines.

L'autre aspect de la suprématie américaine tient au rôle joué par le Pentagone, le ministère de la Défense américain. Il est un artisan direct de la course à l'innovation, finançant des projets à la fois très appliqués et parfois fantasques. Le Pentagone fait de la R&D l'enjeu d'une guerre qui tend elle aussi à devenir virtuelle, immatérielle, poussant les technologies américaines à toujours dépasser celles qui sont produites ailleurs. La technologie fixe le rôle des États-Unis comme puissance militaire mondiale, ce que l'Europe n'aspire plus à être.

Le politologue Robert Kagan, proche des milieux néo-conservateurs américains, oppose, en ce domaine, l'Europe et les États-Unis comme une forme nouvelle du conflit entre Mars et Vénus. Les Américains, explique-t-il, sont du côté de Mars, les Européens du côté de Vénus, la guerre et l'amour. Cette image exaspère bon nombre d'Européens. Nombreux sont ceux qui voudraient constituer une Europe-puissance, capable de participer à la conduite des affaires du monde au même titre que l'Amérique, du côté de Mars.

Cette image est pourtant assez fidèle au rôle respectif des deux continents, mais sa signification n'a pas la portée condescendante qui lui est donnée. Les Européens savent, même s'ils peinent à l'admettre, où peut mener le chemin qu'ils ont eux-mêmes ouvert. L'Europe est la seule région du monde qui est allée au bout de l'histoire dans laquelle s'est désormais engagé le reste de la planète. Les Américains ignorent, ou veulent ignorer, la dimension tragique de l'histoire occidentale. Ils ont quitté l'Europe au XVIIIe siècle, emportant avec eux la philosophie de ce siècle, celle des Lumières, résolument optimiste dans la capacité des hommes à organiser rationnellement une société affranchie de ses superstitions.

Les États-Unis ne sont guère sensibles aux plaintes des auteurs romantiques du XIXe siècle, et restent résolument convaincus que le neuf vaut mieux que l'ancien, quasiment par définition. Ils peinent à donner un langage à la difficulté des autres pays à faire le deuil du monde perdu. Lorsque Samuel Huntington écrit que « quelque part au Moyen-Orient, une demi-douzaine de jeunes peuvent bien porter des jeans, boire du Coca-Cola, et cependant faire sauter un avion de ligne américain », il traduit bien l'ambiguïté du sentiment que le reste du monde éprouve pour l'Amérique et la difficulté pour l'Amérique de l'analyser.

Dans le cybermonde

Dans le domaine culturel, la réussite américaine est tout aussi patente que dans le domaine technologique ou financier, et pour partie du fait des mêmes lois. Grâce à son marché intérieur, l'Amérique dispose d'un formidable champ de sélection interne des titres qui plaisent. Les producteurs américains, après avoir fait le tri, diffusent ensuite en position de force best-sellers et *block-busters* sur les marchés extérieurs.

Les industries culturelles (films, télévision, musique, livres…) donnent une excellente clé de compréhension des mécanismes à l'œuvre dans le cybermonde des technologies de l'information et de la communication. L'industrie culturelle fonctionne sur le principe du « star-system », magistralement étudié par Françoise Benhamou[1]. Dans un monde qu'on peut croire ouvert à la diversité, un tout petit nombre d'œuvres ou de spectacles remporte la mise, qu'il s'agisse de films, de chansons, de livres ou d'expositions. Les gens veulent voir la même chose ! Il y a plusieurs raisons à cela.

Lorsque l'information devient trop abondante, le comportement mimétique reste le meilleur moyen de sélection-

1. Françoise Benhamou, *L'Économie du star-system*, Paris, Odile Jacob, 2002.

ner celle qui est pertinente (si le film a du succès, c'est qu'il est bon). Ensuite, la quête de liens sociaux fait que l'on veut voir les mêmes films que les autres, pour pouvoir en parler ensemble le lendemain matin. Enfin, pour ces raisons mêmes, les techniques promotionnelles poussent à tout jouer sur le film qui marche.

Ce star-system a une influence directe sur le statut de l'artiste et sa rémunération. Un exemple emprunté à un autre univers en fera comprendre la portée. Steve Levitt, dans son livre étonnant *Freakonomics,* posait la question : pourquoi les trafiquants de drogue vivent-ils chez leur mère ? La réponse était la suivante : parce qu'ils n'ont pas les moyens de faire autrement. Car si le chef de bande gagne (très) bien sa vie, ses subordonnés vivent misérablement. Pourquoi, en ce cas, restent-ils trafiquants ? Parce que leur rêve est de devenir chef à la place du chef. Tel est le modèle de rémunération dans les industries créatives aujourd'hui. Les artistes vivent misérablement, sauf les stars. Et tout le monde l'accepte, car tout artiste aspire à devenir une star. Le star-system est un modèle où le *winner takes all*, où le « gagnant prend tout ». Il explique pourquoi les patrons, vivant dans le monde des marques et de la notoriété, trouvent « juste » que leurs salaires soient fixés selon les mêmes règles, oubliant au passage ce que disait en son temps le banquier John Pierpont Morgan, selon lequel une entreprise où le P-DG gagne plus de vingt fois le salaire de ses employés ne peut pas bien fonctionner. Or la rémunération d'un dirigeant vaut aujourd'hui deux cents fois environ le revenu de ses employés…

Dans le domaine culturel, l'organisation mondiale de la planète organise un partage des tâches entre Hollywood et les industries nationales qui a été bien décrit par Tyler Cowen[1].

1. Tyler Cowen, *Creative Destruction*, Princeton University Press, 2002.

Hollywood traite les sujets « universels » : l'argent, le sexe et la violence pour un public-monde. Les producteurs nationaux complètent l'offre en inscrivant, à moindres frais, ces grands thèmes dans la réalité du pays. On apprécie Sophie Marceau qu'on a connue toute petite, et qui fait partie du patrimoine national. Mais on révère Al Pacino ou Robert De Niro qui sont tels des dieux olympiens, à la fois loin des hommes et proches d'eux[1]. Les stars de rang intermédiaire, européennes par exemple, n'ont aucune pertinence. Le monde des industries culturelles vit sur un mode dual, de l'infiniment proche et de l'infiniment loin. La mondialisation culturelle se résume à un duel entre producteurs nationaux et producteurs américains. C'est moins la menace qui plane sur la production nationale qui est ici à craindre que les inconvénients d'une ouverture « au monde » se résumant pour l'essentiel à des importations en provenance des États-Unis.

Le livre, qui n'est pourtant pas le secteur le plus high tech, est un bon exemple du processus à l'œuvre. 40 % des romans publiés sont des traductions : les trois quarts sont traduits de l'anglais[2]. Le même phénomène se retrouve dans la musique où l'on observe une prééminence de l'importation de titres de langue anglaise proche de celle observée dans l'édition. La télévision obéit au même

1. Alan Krueger note que le salaire des artistes tiré de l'organisation de spectacles a augmenté de 82 % en dix ans. Car les fans veulent voir leurs idoles : c'est la demande qui tire les prix par le haut. Le chanteur Prince offre d'ailleurs ses CD lors de ses concerts, ce qui donne une raison de plus de venir l'écouter. David Bowie est le chanteur qui a le mieux théorisé cette évolution. L'artiste doit se mettre en scène au sens strict du terme, il est la part matérielle de son immatériel.

2. Enquête *Livres hebdo*, 19 mai 2006.

schéma. La consommation de fiction en « prime time » est principalement française, mais la part étrangère est presque exclusivement américaine[1].

Mort de Malthus

C'est sur le terrain de la mondialisation des images que la plus vieille loi économique du monde, la loi de Malthus, se conclut. La transition démographique, qui met fin à l'empire de la natalité sur les destins humains, semble directement liée à la diffusion par la télévision du modèle « américain » de la femme libérée. À l'horizon de 2050, les experts de l'ONU prédisent que l'ensemble des femmes du monde entier se seront alignées sur les critères occidentaux de 1,85 enfant en moyenne. Selon ces mêmes experts, ce phénomène crucial semble s'expliquer davantage par la diffusion des comportements culturels que par la théorie économique des « coûts/bénéfices ». L'argument des économistes selon lesquels la transition démographique résulte de conditions matérielles nouvelles, les femmes voulant travailler ayant moins d'enfants, ne semble pas déterminant. On l'observe dans les villes comme dans les campagnes, que les femmes travaillent ou non. Partout, les comportements démographiques sont en avance sur la réalité matérielle, du fait du monde des images[2].

1. Certains soirs, le même producteur américain officie sur les deux premières chaînes françaises, avec *Les Experts* et *Portés disparus* par exemple.

2. L'Afrique est le continent le plus en retard dans la transition démographique. Même en ce cas pourtant, elle a déjà commencé, les experts de l'ONU prévoyant un nombre d'enfants par femme proche de 2,5 en 2050.

Le nombre de postes de télévision semble en effet un déterminant plus direct de la chute de la démographie que le niveau de revenu ou d'éducation. La transition démographique s'est produite plus vite dans un pays comme le Brésil, grand consommateur de *telenovelas*, qu'au Mexique où le planning familial a pourtant été plus important. En Asie, les jeunes femmes cherchent à ressembler aux jeunes Japonaises, lesquelles veulent ressembler aux femmes américaines, faisant passer le Japon très en deçà du seuil de reproduction démographique[1]. L'évolution démographique forme à elle seule la part essentielle de la transition tout court du monde rural, malthusien, au monde moderne, urbain. Il est étonnant et remarquable que cette transformation doive en grande partie à l'intrusion du troisième monde, celui des images et de la communication.

Le monde virtuel n'est pourtant pas toujours un bon guide. Le cybermonde est une école de la schizophrénie, entre la vie rêvée et la vie réelle, entre la violence virtuelle et la violence tout court. Au sortir d'un jeu vidéo, les lois de la vie ordinaire semblent pesantes à un adolescent. Traverser une rue devient ennuyeux lorsqu'on ne peut plus défier les lois de la gravitation[2]. C'est pourtant à un apprentissage des limites nouvelles de la planète que la jeunesse doit se préparer. L'Empire romain est mort de s'être enfermé dans « une coquille d'indifférence cognitive » au monde de la production. Aujourd'hui, l'enjeu est de garder le contact entre le cybermonde et le monde tout court et ses

1. Je développe ce point dans *La Mondialisation et ses ennemis*, Paris, Grasset, 2004.

2. Voir Olivier Mongin, « Puissance du virtuel, déchaînements des possibles et dévalorisation du monde. Retour sur des remarques de Jean-Toussaint Desanti », *Esprit*, août 2004.

limites réelles. Pour nombre de jeunes, qui applaudissent le film d'Al Gore ou militent dans les ONG tout en pianotant sur leurs consoles, ce lien semble évident. Pour eux, une nouvelle construction mentale est à l'œuvre, qui lie le monde virtuel et l'écosystème. C'est de la force de cette réflexion que dépendra l'avenir du XXIe siècle.

Conclusion

Depuis la nuit des temps, l'humanité marche sur un fil, tiraillée entre deux forces contraires. Le nombre d'humains ne cesse de croître, butant régulièrement sur la rareté des terres qui les nourrissent. Mais par leur nombre même, les hommes multiplient les découvertes, repoussent les frontières du savoir, et continuent leur course, augmentant la densité et la complexité de la vie sociale. Parfois les civilisations meurent, tombant du mauvais côté de cette équation. Impuissantes à comprendre ce qui leur arrive, elles se consument, soit lentement, comme l'Empire romain, soit brutalement, comme la civilisation maya. L'oubli de ces civilisations perdues fait parfois penser que l'homme s'en sort toujours, mais c'est uniquement par omission des cas où il n'y est pas parvenu.

Mais il est arrivé aussi, et à dire vrai une seule fois dans l'histoire, qu'une accélération tout à fait inédite de la production de savoirs permette, à une partie de l'humanité, de s'enrichir durablement. La possibilité d'une croissance perpétuelle est ainsi née, en Europe, quelque part entre le XIIe et le XVIIIe siècle, entraînant celle-ci dans un processus autocatalytique, où la richesse semble s'engendrer elle-même. C'est ce processus qui se diffuse aujourd'hui à l'ensemble de la planète, provoquant ce qu'on peut appeler une occidentalisation du monde.

La prospérité matérielle est un don a priori inespéré. Elle fait disparaître la faim, allonge l'espérance de vie, réduit le temps de travail nécessaire à la production des biens utiles à l'homme. Du point de vue des sentiments moraux, toutefois, elle est un don ambivalent. Elle apaise la société, mais le temps seulement que celle-ci révise ses exigences à la hausse. La fécondité de Prométhée est constamment neutralisée par la voracité de sa belle-sœur, Pandora. L'image d'Épinal d'une société pacifiée grâce aux vertus du « doux commerce » ne résiste pas à l'examen. L'éradication de la violence n'a nullement été provoquée par le développement économique. Des guerres de Religion du XVIe siècle aux guerres mondiales du XXe, la violence a toujours été résorbée en réponse à ses propres excès.

C'est au tour des pays émergents de s'engager aujourd'hui sur les chemins escarpés qui mènent au monde industriel et à la civilisation urbaine. Ils doivent pour ce faire condenser en quelques décennies les transformations qu'ont connues en plusieurs siècles les pays européens. L'explosion de la violence qui s'est manifestée dans les années quatre-vingt-dix montre le concentré de ressentiments et de haines qui reste à épancher. Cette explosion n'a rien de « culturel », au sens de Huntington. Bien avant les mollahs, Richard Wagner dénonce déjà « Paris, l'Europe et l'Occident » comme un monde « corrompu, commercial et frivole qu'on ne trouve pas encore, ajoute-t-il, dans notre Allemagne provinciale, si confortable avec son côté arriéré ». En contemplant le monde actuel, l'Europe peine à se reconnaître dans le miroir qui lui est tendu.

Mais l'histoire actuelle n'est pas que répétition. Elle ouvre une nouvelle frontière, celle du cybermonde, fabriqué par les nouvelles technologies. Les guerres elles-mêmes deviennent virtuelles. La « Troisième Guerre mondiale », la guerre froide, a été gagnée par les États-Unis sur ce terrain du nouveau monde postindustriel. La guerre des étoiles lancée par Ronald Reagan a démontré symboliquement à l'URSS qu'elle avait perdu la guerre technologique contre l'Amérique. Se sachant incapable de relever ce nouveau défi, l'URSS s'est effondrée toute seule, sans combattre.

La violence du 11 septembre appartient aussi à cette violence du troisième type, telle qu'elle a été analysée par Robert Muchembled, celle qui vise l'imaginaire. En visant symboliquement Wall Street et le Pentagone sous le regard de millions de téléspectateurs, Al Qaida déclare la guerre à l'Amérique sur le terrain qui semble désormais le seul qui compte, le monde virtuel. L'attentat du 11 septembre est lui-même organisé à la manière d'un film hollywoodien. Le premier avion qui s'encastre dans l'une des tours garantit que le second sera filmé par les télévisions du monde entier. Le terrorisme d'Al Qaida est furieusement postmoderne ; il est à l'image du monde virtuel créé par Internet. Le terme même de « réseaux terroristes » illustre cette dimension nouvelle de la mondialisation, capable de connecter tous les points du globe. Al Qaida incarne parfaitement cette nouvelle dimension. Tous les jeunes d'origine musulmane, qu'ils vivent au Gujarat, à la frontière entre l'Inde et le Pakistan, ou dans les banlieues françaises, découvrent une appartenance à une communauté virtuelle, qui les arrache par la pensée à la situation de minorités exploitées qu'ils subissent dans leur propre pays.

Dans un langage neuf, les questions posées dans le cyberespace sont toujours les mêmes : qu'est-ce que vivre parmi les hommes, quelle est la part du soi, du nous ?... Mais le nouveau monde de la communication planétaire redessine les groupes de référence auxquels on se compare. Être heureux ne signifie plus seulement « gagner plus que son beau-frère », mais se nourrir de comparaisons avec d'autres communautés, éloignées dans l'espace mais proches par les images. Les jeunes qui se mettent en scène sur Facebook apprivoisent à leur manière ce nouvel espace. Rêvant d'être stars, ils fabriquent cybernétiquement leurs nouveaux groupes de référence.

Le 11 septembre prouve que les violences du cybermonde ne sont pas moins meurtrières que les autres. Cependant là n'est pas le plus grave. La question centrale posée par le nouvel âge de la communication planétaire est de savoir si elle sera capable de répondre à la question majeure du XXIe siècle : gérer la crise écologique annoncée et transformer les normes de consommation occidentales de manière à les rendre compatibles avec leur généralisation à l'ensemble du monde.

Au moment où elle est tentée de s'évader dans le cybermonde, l'humanité doit accomplir un effort cognitif aussi immense que celui qui fut réalisé lors de la révolution néolithique ou de la révolution industrielle, pour apprendre à vivre dans les limites d'une planète solitaire. Pour la première fois de son histoire, elle ne peut plus se permettre de corriger, après coup, ses erreurs. Elle doit parcourir mentalement le chemin inverse de celui que l'Europe a suivi depuis le XVIIe siècle, et passer de l'idée d'un monde infini à celle d'un univers clos. Cet effort n'est ni impossible ni même improbable, mais plus simplement : il n'est pas certain[1]. Cette incertitude même est devenue le facteur oppressant de l'histoire humaine, à l'heure où, pour la première fois, elle joue son destin sur le devenir d'une civilisation unique.

---

1. Penser le risque d'une issue tragique est devenu salutaire, si l'on veut l'éviter : voir sur ce point crucial Jean-Pierre Dupuy, *Pour un catastrophisme éclairé*, Paris, Le Seuil, 2002. La littérature s'empare progressivement de ce thème. Voir le roman apocalyptique de Cormac McCarty, *La Route*, trad. française, Paris, Éditions de l'Olivier, 2008.

Table

DEUXIÈME PARTIE

PROSPÉRITÉ ET DÉPRESSION

TROISIÈME PARTIE

À L'HEURE DE LA MONDIALISATION

Remerciements

Tous mes remerciements à Pierre-Cyrille Hautcœur pour sa relecture attentive et amicale du manuscrit, et à Richard Ducousset et Alexandre Wickham pour leur confiance sans faille dans ce projet.

DU MÊME AUTEUR

Macroéconomie, avec Olivier Blanchard, Pearson, quatrième édition, 2007.

Trois leçons sur la société postindustrielle, Le Seuil, 2006, « République des Idées » (traduction en cours, MIT Press et sept autres langues).

La Mondialisation et ses ennemis, Grasset, 2004 (MIT Press, 2006, et en huit autres langues).

Nos temps modernes, Flammarion, 2000 (traduction, MIT Press, et en huit autres langues).

Richesse du monde, pauvreté des nations, Flammarion, 1997 (traduction, MIT Press, et en douze autres langues).

Les Infortunes de la prospérité, Julliard, 1994 (traduction, MIT Press, et en quatre autres langues).

Private Lending to Sovereign States, MIT Press, 1991.

Monnaie, richesse et dette des nations, Éditions du CNRS, 1987.

Composition Nord Compo
Impression CPI Bussière en août 2009
à Saint-Amand-Montrond (Cher)
Editions Albin Michel
22, rue Huyghens, 75014 Paris
www.albin-michel.fr
ISBN 978-2-226-19298-1
N° d'édition : 25926. – N° d'impression : 092130/4.
Dépôt légal : septembre 2009.
Imprimé en France.